일러두기 · 모든 각주는 옮긴이가 독자의 이해를 돕기 위해 덧붙인 해설이다.

어느 잡학주의자의
100가지 썰

LES POURQUOI EN IMAGES
by Philippe Vandel
Copyright © EDITIONS KERO, 2012
Korean Translation Copyright © YEO WOON Publishing Co. Ltd., 2017
ALL RIGHTS RESERVED
This Korean edition was published by arrangement with
EDITIONS KERO through Bestun Korea Agency Co., Seoul.

이 책의 한국어판 저작권은 베스툰 코리아 에이전시를 통해
저작권사와의 독점 계약으로 (주)여운에 있습니다.
저작권법에 의해 한국 내에서 보호를 받는 저작물이므로
무단전제 및 무단복제를 금합니다.

LES POURQUOI EN IMAGES

어느 잡학주의자의 100가지 썰

필립 방델 지음 | **캐시 카센티** 그림 | **민수아** 옮김

맞닿음

차례

프롤로그 8
옮긴이의 말 10

001 하수구 맨홀 뚜껑은 왜 둥글까? 12
002 배의 속력을 말할 때 왜 노트를 사용할까? 15
003 깜빡이는 왜 깜박일까? 18
004 사람들은 왜 린드버그는 헹가래 치지 않았을까? 20
005 상어는 왜 서퍼를 공격할까? 22
006 바람피운 아내를 둔 남편에 대해 왜 '뿔'이 났다고 말할까? 24
007 고양이는 낙하할 때 왜 발부터 땅에 닿을까? 26
008 해군의 제복에는 왜 넓고 푸른 깃이 달렸을까? 28
009 같은 위도 상에 있는데 왜 니스는 따뜻하고 뉴욕은 추울까? 30

010 성인 상의 머리에 왜 후광을 그렸을까? 32
011 다람쥐의 꼬리는 왜 크고 길까? 34
012 프랑스식 스테이크 칼은 왜 둥글까? 36
013 스킨헤드족은 왜 머리를 박박 밀게 되었을까? 38
014 여성용 자전거에는 왜 가로대가 없을까? 41
015 닭은 왜 항상 자동차 앞을 지나는 걸까? 43
016 왜 벨기에 사람들이 감자튀김을 맨 처음 먹게 되었을까? 45
017 프랑스어 자판에서 첫 줄의 배열은 왜 특별할까? 47
018 파리를 왜 '빛의 도시'라고 부를까? 49
019 샤페이의 피부는 왜 쭈글쭈글할까? 51
020 거울에 비추면 왜 좌우만 뒤바뀌어 보일까? 53
021 시계 바늘은 왜 시계 방향으로 도는 걸까? 55
022 애니메이션 등장인물들의 손가락은 왜 네 개뿐일까? 57
023 새끼손가락을 들어 올리고 먹으면 왜 우아해 보일까? 59

024 제비는 왜 비 오기 전에 낮게 날까? 61
025 내 심장이 뛰는 소리가 왜 내 귀에 안 들릴까? 62
026 왜 고양이는 해가 쨍쨍한데도 잠을 잘 수 있을까? 64
027 왜 아이스하키 선수들은 서로 치고받고 때릴까? 66
028 왜 사다리 밑을 지나가면 재수가 나쁘다고 믿을까? 68
029 왜 동전의 테두리에는 글자나 문양을 새겨 넣을까? 70
030 왜 코브라는 뱀 마술사 앞에서 춤을 출까? 72
031 왜 A4 용지의 크기는 21cm x 29.7cm일까? 74
032 무슬림들은 왜 남녀가 다 함께 모여 기도하지 않을까? 76
033 여성복과 남성복은 왜 단추를 채우는 방향이 다를까? 78
034 왜 도심 외곽에는 인구수에 비해 선술집이 적을까? 80
035 뿌조 자동차의 모델명에는 왜 0이 들어갈까? 82

036 미키마우스는 왜 장갑을 끼고 있을까? 84
037 도로에 설치된 정지 표지판은 왜 팔각형일까? 86
038 아리안 로켓은 왜 쿠루에서 발사될까? 88
039 암고양이는 짝짓기를 할 때 왜 울음소리를 낼까? 90
040 골프 바지의 모양은 왜 특별할까? 92
041 건배를 할 때 왜 잔을 부딪칠까? 94
042 의사들은 왜 등을 두드릴까? 96
043 왜 프랑스 연극에서는 '왼쪽은 궁궐, 오른쪽은 정원'이라는 표현을 쓸까? 98
044 밤에 차를 타고 가면 왜 달이 따라오는 걸로 보일까? 100
045 거미는 왜 자기가 쳐놓은 줄에 걸리지 않을까? 102
046 독수리의 목 주변에는 왜 깃털이 없을까? 104
047 검은색 옷을 입으면 왜 날씬해 보일까? 106
048 가로 줄무늬 옷을 입으면 왜 뚱뚱해 보일까? 110
049 치아는 왜 한번에 모두 나지 않을까? 112

050 별은 왜 하늘에 고르게 분포하지 않을까? 114
051 모든 일이 순조롭다는 뜻으로 왜 엄지손가락을 치켜세울까? 116
052 얼룩말은 왜 줄무늬가 필요할까? 118
053 왜 칼을 삼켜도 죽지 않을까? 120
054 샴페인 병은 왜 마개를 비틀어 딴 후에 잡아 당길까? 122
055 왜 단봉낙타의 혹은 한 개일까? 124
056 프랑스의 시골에서는 왜 홀수-짝수로 번지를 매기지 않는 걸까? 126
057 만나거나 헤어질 때 왜 악수를 나눌까? 128
058 달러를 왜 $로 표기할까? 130
059 왜 우리가 찾는 도시는 항상 지도의 가장자리에 있을까? 132
060 1시간은 왜 60분일까? 134
061 계산기와 전화기의 키패드는 왜 다르게 만들었을까? 136

062 요리사들은 왜 요리사 모자를 쓸까? 138
063 왜 프랑스에서는 오식을 '꼬끼으'라고 할까? 140
064 왜 사랑니가 날 자리는 없을까? 142
065 프랑스의 담배 가게 간판은 왜 붉은 마름모꼴일까? 144
066 프랑스인들은 공연의 흥행을 빌 때 왜 '똥'이라는 단어를 쓸까? 146
067 캥거루는 왜 껑충껑충 뛰는 걸까? 148
068 꿀벌은 왜 먹이 주위를 맴돌기만 하고 건드리지 않을까? 150
069 커튼은 왜 빛을 한 방향으로만 통과시킬까? 152
070 컴퓨터의 오류를 가리켜 왜 '버그'라고 할까? 154
071 괘종시계는 4시를 왜 'IV'로 표기하지 않을까? 156
072 기러기는 왜 'V'자 대형으로 비행할까? 158
073 사진을 찍을 때 플래시를 터뜨리면 왜 적목 현상이 일어날까? 160
074 '부활절'하면 왜 달걀이 연상될까? 162
075 사막여우의 귀는 왜 일반 여우의 귀보다 클까? 164

076 라스타파리안들은 왜 레게머리를 할까? 166
077 왜 갓난아기의 머리는 만지면 안 될까? 169
078 파리의 근사한 건물들에는 왜 벽으로 막힌 창문이 많을까? 171
079 테니스 점수 체계는 왜 그렇게 복잡할까? 173
080 왜 캐럿으로 귀금속과 다이아몬드의 무게를 표현할까? 176
081 왜 포크로 식사하게 되었을까? 178
082 왜 목욕을 하면 개운할까? 180
083 왜 해적은 항상 스카프를 두르고 나타날까? 182
084 알파벳은 왜 대문자와 소문자로 표기할까? 184
085 개는 겁을 먹으면 왜 다리 사이로 꼬리를 감출까? 186
086 이유 없는 교통 체증은 왜 생길까? 188
087 모나리자의 미소에 숨겨진 비밀은 왜 알아내기 힘들까? 190
088 여자들은 눈 화장을 할 때 왜 입을 벌릴까? 192
089 왜 수탉이 프랑스를 상징할까? 195
090 왜 프랑스에는 도가 90개나 될까? 197
091 왜 야자수는 바다를 향해 자랄까? 200
092 왜 크라상을 까페오레에 적셔 먹을까? 202

093 왜 고양이는 나가겠다며 야옹거리고, 또 나가면 들어오겠다고 야옹거릴까? 204
094 파리의 고급 주택가는 왜 서쪽에 몰려 있을까? 207
095 말은 왜 서서 잘까? 210
096 미켈란젤로는 왜 시스티나 성당의 천장화를 그렸을까? 212
097 파리의 지식인들은 왜 까페 드플로르의 전설이 되었을까? 214
098 행운을 빌 때 왜 손가락을 꼬는 걸까? 216
099 펑크족은 왜 옷핀을 달고 다녔을까? 218
100 왜 선거 득표율은 대개 50퍼센트의 근사값에서 결정될까? 221

프롤로그

좋은 글 한 편은 방대한 인터넷 정보보다 가치가 있다. 이는 진리이자 상식이다.

여러분의 두 ✋에 들린 것은 아주 특별한 책이다. 이 📖에 등장한 삽화는 이해를 돕기 위해 단지 본문 중간중간 끼워 넣은 게 아니다. 필자가 머릿속에 그려 놓은 이미지를 그대로 지면에 옮긴 것이다. 쭉 읽어 봐도 누구나 알기 쉽게 풀어놓았다.

어째서 🍥 맛이 나는 고양이 사료는 없을까? 그럴듯한 답을 낼 수도 있겠지만, 머리를 제법 써야 할 것 같다. 그러다 보니, 책의 본문에는 정답이 ☒.
그런가 하면, ☎와 🔢의 키패드가 다른 이유는 아주 짧은 🕐 내에 알아낼 수 있다. 왜 그럴까? 또한 크라상을 까페오레에 적시는 이유는?(💣가 터지듯 깜짝 놀랄 만한 결과를 기대해도 좋다. 개봉박두!)

여러분은 이 책을 통해 100가지 사실을 배울 수 있다. 바보나 멍청이 혹은 더 심하게는 얼간이 취급을 당하는 아주 끔찍한 사태는 피해야 하니까. 하지만 ⚠하길. 아주 색다른 📖을 읽고 있으니. 그림을 보면서 질문에 대한 답을 얻게 된다. 그러니 해설을 보기 위해 읽기를 멈추고, 얼른 책장을 넘기고 싶은 유혹쯤은 잠시 이겨낼 수 있어야 한다. 조급하게 굴면 스릴이 반감되고 만다.
서론이 너무 장황하더라도 독자 여러분이 이해해 주리라 믿는다. 속도감과 스릴을 만끽하고 싶은 사람들에겐 미국의 즉석 스테이크 하우스가 최고다.

이 자리를 빌려 캐시 카센티에게 감사의 말을 전한다. 엄청난 끼와 인내심을 발휘하여 그림을 그리고 책을 꾸며 주었다. 오직 그녀의 책상과 의자만이 주인의 노고를 가장 잘 알고 있을 게다. 한 장 한 장 책장을 넘길수록 여러분은 캐시 카센티의 🖥와 🖊이 이루는 환상적인 조화를 경험할 것이다. "최고야!"라는 찬사와 "흠, 제법인걸!"이라는 감탄이 동시에 터져 나올 것이다.

나는 단 한마디의 군소리도 책에 담지 않았다. 감수성을 해치는 그 무엇도 과감하게 🗑에 버리고 ✂로 싹둑싹둑 잘라 내어 버렸다. 솔직히 말해 우리는 지루함 따위는 훨훨 날려 버리고 싶으니까.

자, 어쩌고저쩌고하는 건 이걸로 충분하다.

❺, ❹, ❸, ❷, ❶!

어느 잡학주의자의 100가지 썰™.

자, 👉으로….

필립 방델

옮긴이의 말

여러분은 지금 100가지 질문과 짤막한 해설이 담긴 책을 읽고 있다. 100가지 이야기가 100개의 장을 이루고 있기에, 어느 페이지를 펼쳐서 읽어도 부담스럽지 않을 것이다.
1시간은 왜 60분일까? 남성복과 여성복은 왜 단추를 채우는 방향이 다를까? 교통 체증은 왜 생길까?
으레 '그러려니….' 하고 넘어갈 수도 있는 문제들이다. 그러나 세상의 모든 사물에는 저마다의 원리와 이유가 있다. 배움에 대한 열정을 가진 이들에게 지식의 문은 활짝 열려 있다. 책이야말로 지식의 세계로 안내하는 좋은 통로가 아닐까?
'아는 만큼 보인다.'는 말처럼, 이 책을 읽는 여러분이 세상을 더 많이 배우고, 더 잘 이해하며, 또한 마음도 풍요로워지길 바란다.

필립 방델은 자신이 수 년간 진행해 온 「왜? Pourquoi?」라는 라디오 프로그램의 내용을 간추려 책으로 펴냈다. 일단 질문으로 화두를 던진 다음, 너무 심각하지도 너무 가볍지도 않게 이야기를 풀어 나간다. 지식만 전달하면 재미가 반감될 수 있고, 반면 유머만 늘어놓으면 유익함을 놓치기가 쉽다. 그러나 방델은 지식은 전달하면서도, 프랑스인 특유의 해학과 유머도 곁들임으로써 균형 잡힌 내용을 구성해 냈다.

이 책을 100퍼센트 즐기는 방법은 무엇일까? 가령, 샴페인을 한 잔 하면서 설명을 듣길 권하는 대목에서는 샴페인이나 와인을 가볍게 마시며 읽기도 하고, 크라상을 커피에 적시는 이유를 읽다가 배가 고파지면 크라상에 향기로운 커피를 곁들여 먹어도 좋을 것이다. 그렇게 읽다 보면, 어느새 마지막 페이지를 넘기고 있을 것이다!
일단 가벼운 마음으로 읽기를 권한다. 그리고 나서 무릎을 탁 치면서 '아하, 그렇구나!' 하는 탄성을 지르면 된다!

이 책은 남녀노소를 불문하고 누구나 궁금할 만한 100가지 흥미로운 이야기들을 엮었다. 어린이와 청소년의 경우에는 궁금한 부분을 스스로 찾아 읽는다면 더할 나위가 없겠지만, 부모님이 먼저 읽은 후에 자녀들의 궁금증을 풀어 주는 것도 방법일 수 있다. 그럼으로써 가족 모두에게 유익한 배울거리가 되고, 유쾌한 이야깃거리로 남을 것이다.
더 나아가, 남다른 호기심 덕분에 인류 문명의 진보에 기여할 수 있었던 에디슨이나 아인슈타인, 레오나르도 다빈치처럼, 여러분 안에 잠재된 지적 호기심이 적절히 자극될 수 있기를 바란다.

끝으로, 번역 작업을 하는 내내 변함없이 곁에서 지지하고 응원해 준 남편과 가족 모두에게 깊은 감사의 마음을 전한다.

2017년 10월
옮긴이 민수아

하수구 맨홀 뚜껑은 왜 둥글까?

001

코를 박고 길을 걷다가 무심코 개똥을 밟은 적이 있을 것이다. 똥을 밟으면 재수가 좋다는 말은 많이 들어본 것 같은데? 그렇다고 설마 '열 번 밟으면 대박'이라는 말도 나올까?

어쩌면 세상에서 가장 재수가 나쁜 사람은 우연히 뚜껑이 열린 하수구에 빠지는 사람일 것이다.

어쨌든 하수구 맨홀 뚜껑은 모두 둥글다. 왜 그럴까? 보관 또는 운송 과정에서 차지하는 공간을 줄이려고? 그건 아니다. 만일 그런 이유라면, 공간을 최대한 줄일 수 있는 정사각형이나 직사각형 모양으로 만들었을 테니. 사람의 체형에 맞춰 둥글게 만든 걸까? 물론 맨홀 뚜껑을 위에서 내려다보면 정다각형보다는 원형에 더 가깝기는 하다. 하지만 가장 인체 (아니, 내 말은 인간) 공학적으로 만들고자 했다면 오히려 달걀형이나 타원형이었을 것이다. (또한 그랬다면 웨이트 와처스 Weight Watchers[1]의 배관 수리를 위해 출장간 뚱뚱한 인부가 고객들의 사기를 저하시킨다는 이유로 문전박대를 당하는 일 따위는 일어나지 않을 것이다.)

그렇다면 배관 수리공과 엔지니어가 맨홀 뚜껑을 둥글게 만들 수밖에 없었던 진정한 이유가 있을 것이다.

---

[1] 미국의 체중 관리 서비스 업체로, 식이 요법과 운동 요법 서비스를 병행한다.

육각형보다는 원형일 때 훨씬 더 쉽게 굴릴 수 있다는 점에 주목하자. 당연히 그렇게는 불과 몇 미터도 굴릴 수 없다. 더욱이 노동자들의 입장이나 애로 사항에 대한 엔지니어의 세심한 배려 같은 건 거의 기대할 수 없다. 그러나 모든 노동자는 엔지니어가 될 소질과 가능성을 늘 가지고 있는 반면, 그 역은 참이 아니다.

좀 더 알기 쉽게 설명하면 다음과 같다. 맨홀 뚜껑이 원형일 때는 절대 하수구로 빠지지 않는다. 우선 맨홀 뚜껑이 정사각형이라고 가정해 보자. 정사각형의 한 변은 그 대각선보다 짧다. 따라서 뚜껑이 구멍의 대각선에 수직으로 놓이면, 쿵하고 떨어지고 말 것이다. 100kg짜리 주철 뚜껑이 머리 위로 떨어지다니, 맙소사! 상상만 해도 끔찍한 일이다. 그 밑에서 일하던 사람만 재수가 나빠도 너무 나쁜 딱한 경우가 된다.

반면에, 원형 맨홀 뚜껑은 구멍 위에 어떻게 놓아도 떨어지지 않는다. 실제로 뚜껑이 원형이면 하수구 위에 놓일 수 있는 방법은 단 하나뿐

이다. 원의 지름은 사각형의 대각선보다 길다. 즉 테두리가 있는 원형 뚜껑의 지름은 항상 하수구의 지름보다 몇 센티미터 더 길다. 따라서 마른하늘의 날벼락 같은 추락 사고가 일어날 위험도 전혀 없다.

여기서 잠깐! 이는 어디까지나 맨홀 뚜껑에만 해당되는 얘기다. 오벨릭스Obelix[2]도 둥글둥글했지만, 어릴 적에는 그 안에 빠진 적이 있으니. 얘기인즉슨 그렇다. 단, 누군가 새로운 썰을 내놓기 전까지….

---

[2] 프랑스에서 가장 많은 인기를 누린 만화책 가운데 하나인 『아스테릭스와 오벨릭스Asterix & Obelix』의 주인공이다. 몸집은 왜소하지만 갈리아 마을에서 일어나는 모든 문제를 해결해 주는 아스테릭스의 절친한 친구다. 어릴 적 마법사의 신비한 물약 단지에 빠져 엄청난 힘을 갖게 된 오벨릭스는 멧돼지 고기를 좋아하는 미식가이며, 아름다운 팔발라를 짝사랑한다.

배의 속력을 말할 때 왜 노트를 사용할까?

002

르크루아직Le Croisic에서 요트 연수를 받을 때 혹은 《레그로스 떼뜨Les Grosses Têtes》³에 출연한 올리비에 드케르소종Olivier de Kersauson을 떠올려 보자. 드케르소종이라면 '배의 속력은 노트로 측정한다.' 이 한 문장 가지고 짓궂은 말장난을 끊임없이 늘어놓고도 남을 것이다. 하지만 우리는 이와 같은 주제가 생소하므로, 그런 말장난은 잠시 접어 두고 이야기해 보자.

'노트knot'란 대체 뭘까? 1노트는 1초에 0.514m를 가는 일정한 속력이다. 믿기 어렵겠지만, 1시간에 1.852㎞, 즉 1시간에 1마일을 가는 속력이다. 노트는 항해와 항공 분야에서만 사용된다. 그런데 왜 노트라고 할까? 그냥 '밧줄'이라고 하면 될 것을.

인류가 처음 배를 탄 이후로도 꽤 오랫동안, 사람들은 해상 거리를 계산할 줄 몰랐다. 베르킨게토릭스Vercingetorix⁴ 시대에는 니스에서 아작시오Ajaccio까지의 정확한 거리를 알지 못했다. 경건왕 로베

---

3 프랑스 RTL 라디오 방송의 프로그램으로, 1977년 1월 2일부터 현재까지 오후 4시부터 6시까지 진행된다. 진행자와 초대 손님들 간의 재치 있는 대화로 청취자들에게 큰 웃음을 준다.

4 갈리아 아르베르니족의 부족장이다. 기원전 52년, 로마 공화정의 율리우스 카이사르에 맞서 갈리아인의 총궐기를 주도했으나, 알레시아 공방전에서 패한 뒤, 스스로 로마의 포로가 되었다.

르 2세(996~1031)[5] 시절에도 마찬가지였다. 당시에는 1㎞가 얼마나 되는 거리인지 물어도 아는 사람이 없었으니. 속력을 알고 싶으면 주파한 거리를 경과한 시간으로 나누면 된다. 그러나 당시 뱃사람들은 움직이는 배의 속력을 계산할 줄 몰랐다.

비록 그 시절엔 크로노그래프chronograph[6] 없이 배를 타야 했지만, 우리의 선조들은 지혜로웠다. 1피트마다 매듭을 묶은 밧줄을 배의 고물(뒤쪽)에 동여매는 방법이 등장한 건 18세기 초반 무렵이다. 정박한 배에 밧줄을 수직으로 늘어뜨린다. 그러면 관측 선원의 눈에는 수면 위로 떠오른 밧줄의 매듭은 전혀 보이지 않는다. 그렇게 해서 배의 속력이 0임을 확인했다.

그리곤 항해가 시작되면, 배의 속력이 빨라질수록 밧줄은 점점 더 떠오르다가, 마침내 수면과 나란해진다. 따라서 배의 속력이 빠를수록 더 많은 매듭이 눈에 들어왔다. 선원 한 사람이 이 모든 일을 혼자 도맡아 했다고 한다.

인간의 독창성과 천재성이 발휘된 덕분에 오늘날에는 미터법에서부터 전자시계 및 타키미터[7] 까지 발명되었다. 하지만 단위는 여전히 사용되고 있다. 그러니 노트라는 단위에 대해 자부심을 느껴도 좋을 듯 하다. 얘기인즉슨 그렇다. 단, 누군가 새로운 썰을 내놓기 전까지….

---

5 까페 왕조의 시조인 위그 까페Hugh Capet의 장남으로, 위그의 뒤를 이어 프랑스의 왕이 되었다. 혈족혼 문제로 교회와 갈등을 겪었으나 신앙심이 두터워 경건왕으로 불렸다.

6 시각을 정밀하게 측정하여 기록하는 장치. 천체를 관측할 때 시각을 측정하는 경우에도 사용되었다. 일정한 주기의 신호를 기준으로 하여 임의의 시간 간격을 잰다.

7 시간의 간격을 통해 거리 대비 시속을 가늠하는 장치다.

깜빡이는
왜 깜박일까?

003

"되네? 안 되네? 되네? 안 되네?" 깜빡이가 작동하는지 확인하던 어느 벨기에인이 있었다. 한번은 켜지고, 한번은 꺼지고…. 왜 그럴까? 사방에서 이런 항변이 들리는 듯 하다. "깜빡이는 우리 눈에 띄기 위해 깜박이는 거지." 혹은 "누구나 아는 당연한 사실 아닌가?" 하지만 계속 켜진 불빛보다 눈에 더 잘 띄는 이유는 뭐지? 이론적으로 깜박이는 불빛은 켜진 시간의 절반 동안 꺼져 있다가, 나머지 절반의 시간 만큼만 불빛을 내므로 빛의 입자도 절반만 내보낸다. 그럼에도 두 배나 더 잘 보인다.

답은 단순하다. 바로 고기를 먹기 때문이다.

그렇다! 태초로 돌아가 보자. 아니, 그렇게 멀리 갈 필요는 없고 그저 200~500만 년 전으로 가 보자. 신생대에 이르러 최초의 인류가 등장했다. 멸종된 네안데르탈인은 과실과 식물의 뿌리 그리고 곤충 등을 먹고 살았다. 하지만 신생대에 들어서 인류는 진정한 먹이, 즉 고기를 발견했다. 처음에는 동물의 썩은 사체를 주워 먹다가, 사냥을 시작하면서 점차 살아 움직이는 먹이를 잡아먹게 되었다.

그렇게 해서 인간의 눈은 먹잇감의 움직임을 인지하는 방법을 익히게 되었다. 진화의 법칙은 인간의 눈을 형상의 변화에 반응하도록 설계했다. 도마뱀 한 마리가 바위에 앉아 있다고 하자. 도마뱀이 움직이지 않고 가만히 있다면 주변과 구분되지 않을 것이다.

그러다 도마뱀이 도망가는 순간, 도마뱀이 눈에 들어온다. 말 그대로 눈에 확 띄는 것이다! 반대로 꿀벌은 먹이가 되는 꽃의 특정한 형태와 색상에만 정확히 반응한다.

다시 깜빡이 이야기로 돌아오자. 눈이 가장 먼저 인지하는 것은 깜빡이가 내보낸 불빛이 아니다. 바로 불빛이 '사라진 순간'에 주목하는 것이다. 그러다 갑자기 불빛이 보인다. 깜빡이 그 자체가 먹음직스러운 먹잇감이나 마찬가지다. 깜, 빡, 냠냠!

식당에서도 활용해 보면 좋을 만한 원리다. 주문을 하기 위해 종업원을 부르고 싶은가? 그가 근시일 수도 있으니, 눈이 마주칠 때까지 마냥 뚫어져라 보고 있어 봐야 소용없다. 당신 쪽으로 고개를 돌리는 순간 손을 들면 그가 당신에게 주목할 것이며, 비로소 식사를 주문할 수 있다.

그것도 맛있는 오늘의 요리로. 얘기인즉슨 그렇다. 단, 누군가 새로운 썰을 내놓기 전까지….

사람들은 왜 린드버그는 헹가래 치지 않았을까?

004

1927년, 단독 대서양 횡단 비행을 처음으로 성공한 조종사가 있었다. 아마도 그리스 신화에 등장하는 이카로스 이후, 비행 분야에서 이뤄 낸 가장 혁혁한 업적일 것이다. 그해 5월 20일, 뉴욕을 출발한 찰스 린드버그Charles Lindbergh[8]는 이튿날 르부르제Le Bourget 공항에 착륙했다. 수많은 군중이 몰려와 린드버그의 주변에 모여 환호하며 영웅을 맞이했다.

그런데 도버 해협을 최초로 횡단한 루이 블레리오Louis Blériot[9](1909년)와는 달리, 사람들은 린드버그는 헹가래 치지 않았다. 고작 37분 간 비행을 한 블레리오보다 린드버그의 33시간 비행의 성과가 훨씬 더 훌륭했음에도!

사실 린드버그는 성공적인 비행을 위해 기체機體의 무게를 최소화해야 했다.

---

[8] 미국의 비행사로, 1927년 세계 최초로 '스피릿 오브 세인트루이스호Spirit of St. Louis'를 타고, 뉴욕-파리 간 대서양 무착륙 단독 비행에 성공했다. 또한 프랑스 생리학자 A.카렐과 함께 장기를 적출한 뒤에 산 채로 보존할 수 있는 '카렐-린드버그 펌프'를 만들었다.

[9] 프랑스의 항공 기술자로, 1907년 처음으로 25마력의 단엽기單葉機를 제작하여, 1909년 37분의 비행 끝에 최초로 영국 도버해협 횡단에 성공했다. 이후 블레리오 비행기 제조사를 설립하여 항공 분야에 크게 기여했다.

연료의 소모를 최대한 줄여야 했으므로,
용변을 위한 준비가 전혀 없었던
린드버그는 비행복에 볼일을 봐야 했다.
그래서 착륙 후에는 비행복에 도저히
손을 댈 수조차 없었다. 그래서 사람들은
비행기에서 내린 린드버그를 들어 올려 주지
못하고, 하는 수 없이 멀찌감치 떨어진 채 환영
행사를 하게 된 것이다.
그렇지 않으면 셔츠가 더러워질 테니!
얘기인즉슨 그렇다.
단, 누군가 새로운 썰을 내놓기 전까지….

상어는 왜 서퍼를 공격할까?

005

기삿거리가 떠오르지 않아 머리를 쥐어짜던 기자들에겐 서핑을 즐기다 상어에게 습격 당한 서퍼surfer는 매우 반가운 소재다. "그래, 바로 이거야!" 상어에게 당한 서퍼의 사망 사고가 일어나면 취재 팀이 현지에 급파되고 속보가 뜬다. 애초부터 기자들의 머릿속에는 유족의 고통과 슬픔을 나눈다는 생각 따윈 없다.

전 세계를 통틀어, 재수가 나빠 상어의 밥이 되는 이들은 한 해 동안 4~5명에 불과하다. 반면, 전 세계의 교통사고 사망자는 한 해에 약 130만 명에 달하며, 부상자는 그보다 40배도 넘는다! 차로 사슴을 들이받고 운전자가 사망할 가능성은 325배나 더 높다. 믿거나 말거나. 우리는 수없이 많은 교통사고 생중계와 속보를 접하고 있지 않은가?

이제 그만 상어 이야기로 돌아가자. 서퍼를 공격하는 상어의 문제는 여러 복합적인 요인들과 일련의 사건을 통해 설명될 수 있다.

상어를 해안가로 이끄는 몇 가지 상황적 요인이 있다. 우선 자연적 원인이 그 하나다. 폭풍우에 유기 물질들이 바닷가로 떠밀려 와, 상어들은 힘들이지 않고서도 자잘한 고깃덩어리를 먹을 수 있다. (가령, 깎아지른 해안이 많은 레위니옹 La Réunion섬의 경우가 그러하다.)

또 다른 원인은 인간의 활동과 직접적으로 연관되어 있다. 인간은 바다에 쓰레기를 버리고, 상어는 먹이를 찾아 그 쓰레기를 뒤진다.

남획으로 본래의 사냥 구역에서 먹이가 귀해지는 것도 여기에 한 몫을 한다. 결국, 가장 주요한 자원을 잃어버린 상어는 새로운 '사냥터'를 찾을 수 밖에 없다. 바로 이러한 요인들 때문에 엄청나게 왕성한 식욕을 가진 상어들이 연안으로 몰려드는 것이다.

그런데 상어들은 과연 무엇을 보았을까? 가장 먹음직한 먹이가 대체 무엇이기에? 사람은 아니다.

바로 … 거북이다! 솔직히 잠수해서 물 위로 올려다보면 거북과 사람이 아주 많이 닮지 않았던가? 한마디만 더 보태겠다. 상어의 시력이 매우 좋긴 하지만(특히 상어는 빛이 약할 경우 일종의 '밤눈'을 작동시킬 수 있어, 물체가 망막 뒤의 장치를 통해 확대되어 보인다.) **수정체의 모양이 거의 변하지 않는 근시다.** 그래서 상어가 서퍼와 먹잇감을 분간하지 못하는 것이다.

얘기인즉슨 그렇다. 단, 누군가 새로운 썰을 내놓기 전까지….

바람피운 아내를 둔 남편에 대해 왜 '뿔'이 났다고 말할까?

006

프랑스인들은 바람피운 아내에게 배신당한 가엾은 남편에 대해 흔히 '뿔이 났다'는 표현을 쓴다. 뿔의 크기는 부정不淨한 정도에 따라 다양하게 표현된다. 고작 몇 센티미터라는 말도 하고, 침실에 달린 샹들리에 닿을 만큼 자랐다는 말도 하며, 심지어 천장에 닿을 정도로 뿔이 자라나 목을 가누기가 힘들다는 말도 있다.

웬만한 남자들은 고개를 끄덕일 것이다. 뿔이 나는 것보다 더 창피한 일도 없다는 사실에. 하지만 샤무아부터 풍뎅이 그리고 더 나아가 코뿔소에 이르기까지, 야생 동물에게는 커다란 뿔이야말로 오히려 자존심 내지는 힘, 한마디로 남자다움을 상징한다.

그런데 프랑스인들은 어쩌다 이런 표현을 사용하게 되었을까? 이마에 커다란 뿔 한 쌍이 달린 남자를 상상해 보자. 지극히 당연한 일이지만 당사자는 정작 그 뿔을 볼 수 없다! 다시 말해, 남자를 제외한 모두가 그의 이마에 달린 뿔을 볼 수 있다.

'뿔이 났다'는 말은 남자의 아내가 바람을 피운다는 뜻이기도 하지만, 마을 전체가 아는데도 당사자인 남편만 정작 아내에 관해 모른다는 얘기도 된다. 때론 모르는 것이 약일 수 있다. 아내들이여! 부디 남편의 신뢰를 저버리지 말길! 얘기인즉슨 그렇다. 단, 누군가 새로운 썰을 내놓기 전까지….

고양이는 낙하할 때
왜 발부터 땅에 닿을까?

007

제아무리 민첩한 고양이라도 나무나 탁자 또는 의자에서 떨어지기도 한다. 떨어져도 다치지 않는 건 만화 속 고양이만은 아니다.

고양이는 '평형 감각'이라는 반사 신경이 즉각적으로 작용하여, 떨어질 때 발부터 땅에 닿는다. 만일 반사 신경이 없다면 허리가 부러지고 말 것이다. 동물학자들은 고양이가 떨어져도 다치지 않는 요령이 발달한 이유를 이해하기 위해 초저속 특수 카메라로 세밀하게 촬영해 보았다. 동물학자들은 과연 무엇을 발견했을까? 낙하를 시작하는 순간, 반사 신경이 작용하여 고양이의 몸이 뒤틀린다. 이어서 머리가 수평을 되찾을 때까지 회전한 다음, 충격으로부터 얼굴을 보호하기 위해 앞발을 모은다. 마지막으로 엉덩이가 머리와 일직선이 되도록 척추를 뒤튼다. 땅에 닿기 직전, 충격을 완화하기 위해 네 다리를 쭉 폈다가 굽히면서 착지한다. 이 모든 일이 눈 깜짝할 사이에 벌어지는 것이다. 그렇다면 이번엔 이런 질문을 던져 보자. 고양이는 할 수 있는데, 왜 강아지나 젖소는 못할까? 바로 꼬리 때문이다.

낙하를 시작할 무렵에는 꼬리를 뻣뻣이 세우고 마치 프로펠러처럼 반대 방향으로 회전함으로써 균형을 잡는다. 그렇게 해서 고양이의 자세와 방향은 처음과는 달라진다. 결국 고양이가 네 발로 착지하는 것은 꼬리 덕분이다. 깊이 생각해 볼 만한 습성이다. 얘기인즉슨 그렇다. 단, 누군가 새로운 썰을 내놓기 전까지….

해군의 제복에는 왜 넓고 푸른 깃이 달렸을까?

008

그런가 하면 또 빨간 방울로 장식한 술은 왜 다는 걸까?
여러분도 멋진 제복을 입은 해군의 모습에 감탄한 적이 있을 것이다. 머리끝에서부터 발끝까지 새하얀 제복에 달린 널찍한 푸른 옷깃이 근육질 어깨를 감싸고 있다. 마치 그림을 그리듯 새겨진 흰 줄무늬는 섬세한 느낌을 준다. 그런데 옷깃은 왜 푸른색이며, 그토록 널찍한 이유는 또 무엇인가?
푸른 옷깃의 기원은 남자들이 장발을 하던 시대로 거슬러 올라간다. 그렇다고 1968년은 아니다. 수 세기 전, 해적이 들끓던 황금시대를 말하는 것이다. 당시의 해적들은 유행에 결코 뒤처지지 않았다. (벌써) 그 시절에!

그런데 치렁치렁 늘어뜨린 해적들의 머리카락은 더러웠다! 게다가 빨래도 아주 엉터리로 했다. 배에서는 흰 제복의 목둘레에 때가 묻어도 제대로 세탁할 여건이 안 되므로, 널찍한 옷깃을 덧붙이게 되었다. 더러워진 옷깃은 떼어 내 버리고, 대충 다림질한 깨끗한 옷깃으로 갈아 주었다.
그러면 여러분은 이렇게 묻고 싶을 수 있다. "푸른 옷깃은 멋있다고 치자. 하지만 마치 체리를 얹은 머랭 타르트처럼 빨간 방울 술은 왜 그리도 자랑스럽게 베레모 꼭대기에 달고 다닐까?"
이 또한 현실적인 필요라는 차원에서 설명된다. 선실의 높이가 너무 낮아 자칫 머리를 쾅

찢을 수도 있으므로 방울 술을 달아
머리를 보호해 주었다.
처음에는 군인들이 방울 술뿐만 아니라
작업모까지도 손수 뜨개질을 했다.
처음에는 갖가지 색을 사용했지만,
1858년 3월 27일, 프랑스 해군성은
법령을 제정하여 오로지 빨간색만
허용했다. 아니, 꼭두서니색이라
고 해야 가장 정확한 표현이
되겠다. 엄격한 군율에 따라야 하니까.
얘기인즉슨 그렇다. 단, 누군가 새로운 썰을 내
놓기 전까지….

같은 위도 상에 있는데 왜 니스는 따뜻하고 뉴욕은 추울까?

009

프랑스 기상청 사이트에서 확인할 수도 있고, 미국에 다녀온 친구들에게 물어봐도 좋다.
니스Nice의 날씨는 따뜻한데, 뉴욕New York은 너무 추워서 장갑을 끼고 목도리를 둘러야 한다. 특히 가을에는 그 차이가 더욱 확연하다. 그런데 두 도시의 위도는 같다. 달리 말해, 적도를 중심으로 보면 같은 위치에 있다. 얼핏 보아도 그렇다. 니스는 지중해에, 뉴욕은 대서양에 각각 발을 담그고 있다.
그렇다면 같은 위도 상에 있는데 왜 니스는 따뜻하고 뉴욕은 추울까? 바람 때문이다.
지구의 자전 방향에 따라, 니스와 뉴욕과 같은 북반구에서는 바람이 서쪽에서 동쪽으로 분다. 프랑스를 예로 들자면, 브르타뉴Bretagne에서 알자스Alsace 쪽으로 바람이 부는데, 이때 부는 바람은 습기를 가득 머금게 된다. 공기가 바다 위를 통과하기 때문이다.
뉴욕에서도 바람은 서쪽에서 동쪽으로 분다. 하지만 뉴욕의 서쪽에는 바다가 없고, 대신 아메리카 대륙이 있다.
알려진 바와 같이, 하나의 거대한 라디에이터처럼, 바다는 따뜻한 기후를 유지시키며 또한 기후 차를 줄여 준다. 이는 바닷물의 온도가 그 물리적 특성상 어느점 이하로는 잘 내려가지 않기 때문이다. 반면 캔자스Kansas와 위스콘신Wisconsin에서는 겨울이면 밤 동안 영하 20℃까지 내려가는 일이 잦다.
즉 뉴욕은 대륙성 기후에 속한다.

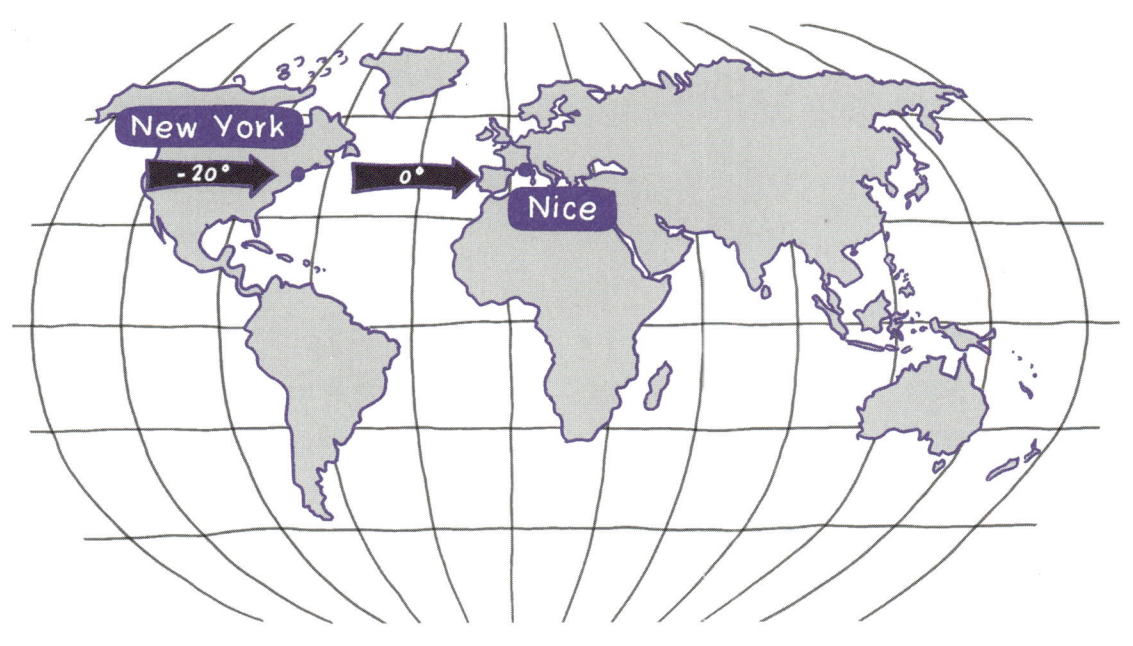

겨울에는 몹시 춥고, 여름에는 찌는 듯이 덥다. 모스크바의 기후도 마찬가지다. 반대로 미국 서부의 연안 도시들, 즉 샌프란시스코San Francisco부터 로스앤젤레스Los Angeles까지는 온화한 기후가 펼쳐진다. 이는 태평양 때문이다.

얘기인즉슨 그렇다. 단, 누군가 새로운 썰을 내놓기 전까지⋯.

성인 상의 머리에
왜 후광을 그렸을까?

010

종교 서적에서 흔히 볼 수 있는 성인聖人들의 그림에 관해 이야기해 보자. 성 크리스토프Christophe는 자동차 운전자의 수호성인이다. 끌로도미르Clodomir의 아들 성 끌루Cloud는 자신의 이름을 딴 생 끌루Saint Cloud 터널을 지켜 주지 않는다. 참으로 이상한 일이다. 성녀 바르브Barbe는 콧수염이 난 소방관들을 격려한다.

많은 화가들이 성인들의 머리 위에 빛나는 후광을 그려 넣었다. 왜 그랬을까? 성인들이 살아 생전에 후광을 지녔기 때문에? 아쉽지만 그건 아니다.

역사학자들에 따르면, 후광이 예술 작품에 폭넓게 등장한 것은 7세기로 거슬러 올라간다. 그런데 그 이유가 참으로 놀랍다. 성전 외부에 세워진 조각상은 부식되거나 끝없는 악천후와 새똥의 시달림을 당했던 터라, 조각상을 보호하는 우산을 대신하여 만든 것이 바로 후광이다. 때론 필요가 예술을 낳는다.

초기에는 나무나 구리 재질로 커다란 원형 접시 모양의 후광이 만들어졌는데, 덕분에 성인상은 대단히 위엄이 있어 보였다. 그리하여 마침내 화가와 조각가들이 저마다의 작품에 반영하게 되었다.

단, 추상화의 선구자인 칸딘스키Kandinsky와 잭슨 폴록Jackson Pollock은 제외하고.

애기인즉슨 그렇다. 단, 누군가 새로운 썰을 내놓기 전까지….

다람쥐의 꼬리는 왜 크고 길까?

011

미리 말해 두지만, 그 어떠한 칭찬도 비난도 달게 받겠다. 적어도 이번 장에서는 가벼운 농담 같은 건 하지 않겠다. 지극히 가벼운 농담일지라도.

종에 상관없이 다람쥐는 자기 몸집만큼이나 크고 긴 꼬리를 가졌다. 게다가 다람쥐라는 이름도 이 움직이는 털북숭이 말단 기관에서 비롯되었다. 그만큼 다람쥐에겐 꼬리가 중요함을 의미한다.

'다람쥐'를 뜻하는 불어의 '에퀴뢰이écureuil'는 라틴어의 '스키우루스sciurus'가 어원인데, '스키우루스'는 그리스어로 '그늘'을 뜻하는 '스키아skia'와 '꼬리'를 뜻하는 '오우라oura' 두 단어에서 파생되었다. '스키우루스'가 의미하는 바와 같이 다람쥐는 '자신의 꼬리로 그늘을 만드는 동물'이다.

다람쥐의 커다란 꼬리의 기능은 다양하다. 가장 중요한 기능은 다람쥐의 이동 방식과 관련이 있다. 꼬리는 다람쥐가 뛰어오를 때 균형추 역할을 하는데, 이는 고양이와 비슷하다. (제7장 〈고양이는 낙하할 때 왜 발부터 땅에 닿을까?〉을 참고하길 바란다.)

하지만 더 큰 장점이 있다. 낙하를 하거나 높낮이차가 큰 도약을 할 때 일종의 낙하산 역할을 한다. 꼬리가 차지하는 표면적이 다람쥐의 가벼운 몸무게와 균형을 이루기 때문이다. 어원에서 알 수 있듯이, 다람쥐의 꼬리는 그늘을 만들어주고, 심지어 우산 역할도 한다.

추울 때는 새끼들을 감싸는 담요도 된다. 하지만 꼬리의 기능이 백 퍼센트 발휘되는 것은 바로 나무 위에서다. 다람쥐는 나무 위를 단단한 땅에서처럼 달릴 수 있다. 수직으로 이동할 때도 마찬가지다. 다람쥐는 나무줄기를 타고 머리부터 내려올 수 있다. 어떻게 가능한 일일까? 발(전문가들은 손이라고 부른다.)을 곧게 뻗어 발가락을 안쪽으로 굽힌 다음, 나무껍질에 발톱을 박고 매달린 채 몸무게(오른쪽 그림에서 P)를 지탱한다. 이 때 다람쥐는 꼬리의 무게 중심을 나무줄기에 최대한 가까이 두면서 균형을 잡는다. 다음으로 '마지막이자 가장 중요한' 역할이 남아 있다. 캘리포니아 대학의 어느 연구진이 그 신기한 원리를 밝혀냈다. 다람쥐

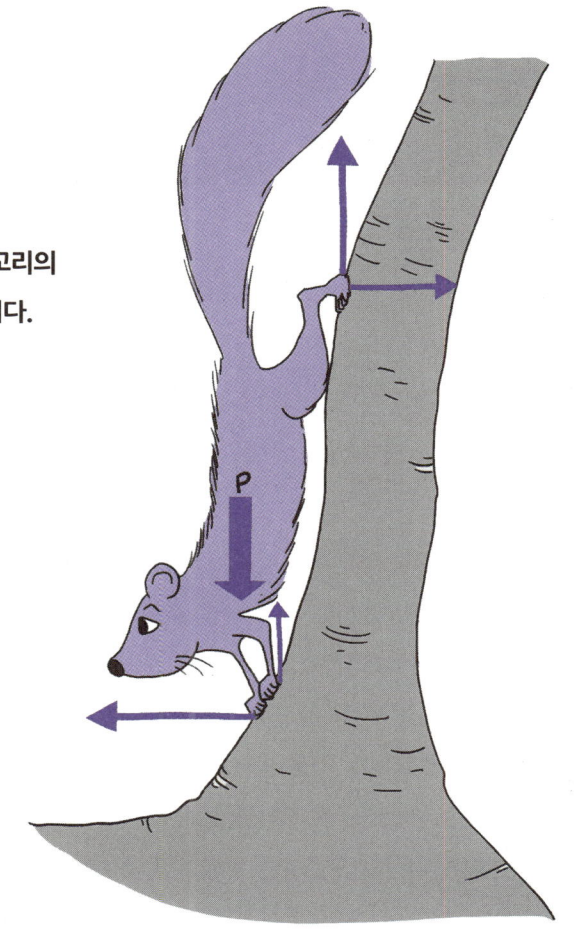

는 뱀에게 겁을 줄 때 꼬리를 사용하지만, 천적의 눈앞에서 꼬리를 흔들어 보이는 것은 아니다. 훨씬 더 영리한 방법을 쓴다. 바로 꼬리의 체온을 높이는 것이다! 동물학자들은 적외선 카메라를 이용한 연구를 통해 다음과 같은 사실을 발견했다. 즉, 뱀은 다람쥐 꼬리의 움직임 뿐만 아니라, 체온 변화를 감지했을 때도 겁을 집어먹고 사냥을 포기한다는 사실을. 얘기인즉슨 그렇다. 단, 누군가 새로운 썰을 내놓기 전까지….

프랑스식 스테이크 칼은 왜 둥글까?

012

스테이크 칼과 사냥용 칼의 공통점과 차이점을 생각해 보자. 둘 다 고기를 써는데 쓰이는 반면, 스테이크 칼은 날이 둥글고, 사냥용 칼은 날카롭다.

그런데 스테이크 칼을 둥글게 만든 이유가 과연 단순할까? 세례나 결혼을 축하하기 위해 또는 이혼 후의 순탄한 삶을 기원하기 위해 또는 장례식에 모인 손님들끼리 단지 '욱'해서 서로 찌르기 위해서라는 말은 틀렸다. 실은 다 그만한 사연이 있었다.

아주 오래 전, 식탁에 처음 오른 스테이크 칼은 러시아 기병대의 검만큼이나 끝이 날카로웠다. 다른 종류의 칼들도 마찬가지였다.

프랑스에서는 날이 둥근 스테이크 칼이 1630년 무렵 처음 등장했다. 그런데 당시에는 아무나 쓸 수 없었다. 루이 13세의 재상인 아르망 뒤플레시스 리슐리외 Armand du Plessis Richelieu 추기경의 식탁에서만 볼 수 있었다. 유능한 재상이었던 리슐리외는 국가의 재정뿐만 아니라 예절과 예법에도 신경을 썼다.

어느 날, 리슐리외는 식후에 칼로 이를 쑤시는 미개한 관행을 근절하기로 결심했다. 관습법은 이미 2세기 전부터 이러한 문화를 저속하게 여겨 왔지만 달라진 것은 전혀 없었기 때문이다. 그럼에도 리슐리외는 미개한 행태를 엄격하게 다스리기보다는 칼날을 둥글게 다듬도록 집사에게 명했다. 그러자, 미풍양속을 소중히 여기는 마음과 막강한 권력을 가진 재상에 대한

존경심을 품은 다수의 귀족들이 너도나도 따라 했다. 매우 열성적인 어떤 이들은 장인에게 직접 주문할 정도였다. 그리하여 17세기 말 이후로, 날이 둥근 칼의 사용이 보편화될수록 오피넬Opinel 칼[10]을 꺼낼 필요도 없어졌다. **얘기인즉슨 그렇다. 단, 누군가 새로운 썰을 내놓기 전까지….**

10 1890년에 프랑스의 조제프 오피넬이 선보인 칼로, 나무 손잡이가 달린 휴대용 접이식 손칼이다.

스킨헤드족은 왜 머리를 박박 밀게 되었을까?

013

길에서 스킨헤드skinhead와 마주친 적이 있다면 기억을 되살려 보길 바란다. 머리를 박박 깎고 축구 경기장의 관중석에서 고래고래 소리를 지르며 흥분하는 젊은이들로, 대개 훌리건hooligan이라 불린다.

'스킨skin'은 '스킨헤드'의 줄임말로 '반들반들한 머리'라는 뜻이다. 군인도 아니고, 올림픽에 출전한 수영 선수도 아닌데, 어째서 머리를 박박 깎은 걸까? 스킨헤드는 1960년대 초반, 런던 외곽의 낙후된 지역에서 유행하기 시작했다. 모드족Mods이나 테디 보이Teddys[11] 더욱이 비틀즈를 보더라도, 어느 누가 당시 영국 젊은이들보다 더 세련될 수 있었겠는가?

영국은 전통을 잃어 가고 있었다. 모드족들은 처음에는 스쿠터를 타고 다니며 소울 음악을 들었다. 로커들은 반대였다. 오토바이를 타고 흑인 음악은 듣지 않았다. 그래서 이들 두 그룹은 영국의 해수욕장에서 3년간 줄기차게 싸웠다. 모드족은 어떤 차림을 하고 다녔을까?

---

[11] 1950년대 초반, 런던에서 젊은이들 사이에 유행한 스타일이다. 에드워드 7세의 애칭인 '테디Teddy'에서 그 명칭이 유래했다.

프렌치 헤어 스타일에 이탈리아 풍 신발을 신고, 파카를 걸치고 입에는 암페타민[12]을 물고 다녔다. 이것이 초기 모드족의 모습이다. 대륙의 세련된 문화가 영국의 젊은 노동자층에 영향을 미친 결과다. 이후에 등장한 스킨헤드족은 페티시즘fetichism[13]을 계승하여 한층 '고급스러운' 옷차림을 선보였다. 1960년대 후반, 스킨헤드족은 옷깃을 열어젖힌 흰 셔츠에다 위엄을 드러내는 푸른 망토를 걸치고, 왁스로 광을 낸 워커를 신었다. 이후 사이키델릭psychedelic문화[14]가 등장하자, 모드족의 문화를 따르다가 점차 록커로 전향하는 학생들과 소시민들이 늘어 갔다.

12 1933년에 미국에서 합성된 각성제의 일종이다. 오늘날 필로폰으로 잘 알려진 메스암페타민의 주성분이기도 하다.

13 과거 변태 성욕으로 치부되어 왔으나 근래에는 인간의 성욕 중 하나로 여겨진다. 페티시 룩이란 전형적인 여성적 패션 이미지에 몸과 섹슈얼리티를 과장한 스타일이다.

14 1960년대 중후반부터 일종의 반항적인 색깔을 가진 젊은이들의 문화. 처음에는 아주 순수한 의도로서, 기성세대에 반발하는 의미로 평화의 메시지와 반전 운동의 메시지, 자연으로 돌아가자는 의미를 가지고 시작되었다.

결국, 도심 외곽에서 세를 떨치던 모드족은 점차 그들만의 차별성과 개성을 강조하는 방향으로 나아갔다. 이들 모드족은 백 퍼센트 영국인만을 인정했고(록커들은 강렬한 햇살이 내리쬐는 이비사Ibiza 섬으로 떠났다.), 눈에 띄는 대로 아무나 두들겨 팼고(록커들은 과거에는 싸움꾼이었지만 어느새 '평화와 사랑'을 외치고 있었다!), 머리도 짧게 잘랐다(록커들은 머리카락을 길렀다.) .

모드족의 세 가지 특징이라 하면 싸움박질, 맥주, 축구를 꼽을 수 있다. 이들은 대개 술을 마시며 경기를 관람했다. 그런데 상대 팀의 팬(또는 맥주를 몇 캔이나 마셨느냐에 따라)뿐만 아니라, 심지어 자기 팀의 팬까지도 혼내 주러 경기장에 몰려드는 바람에, 많은 사람들이 겁에 질려 경기장에 오지도 못하는 상황에 이르렀다.

이에 경찰은 강경한 조치를 취하기 시작했다. 경찰은 경기장 입구에 기마경찰을 풀어 모드족을 제압하기 위해 그들의 머리채를 낚아채곤 했다. 때문에 모드족은 머리를 박박 밀게 되었다. 과감하게도. 얘기인즉슨 그렇다. 단, 누군가 새로운 썰을 내놓기 전까지….

여성용 자전거에는 왜 가로대가 없을까?

014

설령 마음이 비뚤어져서 매사를 나쁘게 보는 사람일지라도, 남성용 자전거의 가운데에 가로대가 있다는 것은 대뜸 인정할 것이다. 정확히 말해, 남성용 자전거의 프레임에는 땅과 나란하게 가로대가 달려 있다. 반면 여성용은 가로대가 자전거 포크 튜브와 만나는데, 남성용에 비해 훨씬 더 아래쪽에 달려 페달과의 간격이 매우 짧다.

일반 자전거든 산악용이든 상황은 같다. 여성용 산악자전거에는 남성용과 달리 가로대가 없다. 그래서 '남성 산악 자전거 선수'라는 말은 없어도 '여성 산악 자전거 선수'라는 말은 있다. 그런데 어째서 여성용에는 가로대가 없는 걸까? 여성이 남성보다 체구가 작아서? 그건 아닐 것이다. 장담하건대, 남녀의 신장 차이로는 여성용 자전거에 가로대가 없는 이유를 설명할 수 없다. 그렇지 않다면 뚜르 드프랑스의 영웅 클라우디오 치아푸치 Claudio Chiappuchi 처럼 작고 가벼운 선수들도 사이클 경주에서 여성용 자전거를 탔을 테니.

진짜 이유는 이렇다. 몸가짐이 조심스럽고 청순미가 넘치는 여자에게 마음을 빼앗겨 본 적이 없는, 그래서 생각이 지극히 단순한 남자가 자전거를 발명했기 때문이다.

오늘날의 자전거는 1880년, 영국인 스탈리 Starley 가 고안한 것으로, 체인 덕에 뒷바퀴로 구동한다. 19세기 후반까지도 여자들은 여전히 치마와 드레스로 여성미를 표현했다.

사실 당시의 남자들은 아내와 딸이 자전거 가로대 위로 다리를 들어 올림으로써 속치마나 속바지 혹은 가터벨트 따위를 노출하는 것을 못마땅하게 여겼다. 다른 기회에 얼마든지 그리 할 수 있으니. 얘기인즉슨 그렇다. 단, 누군가 새로운 썰을 내놓기 전까지….

닭은 왜
항상 자동차 앞을
지나는 걸까?

차를 몰고 밀밭과 개양귀비가 무성한 밭 사이로 난 시골길을 지나는 상황을 떠올려 보자. 도로에 면한 어느 농가 앞을 지나다가 그 집 앞뜰을 보니, 개가 짖고, 고양이 몇 마리는 낮잠을 자고, 칠면조 한 쌍과 닭 한 무리가 놀고 있다.

그런데 차가 지나려는 순간, 갑자기 닭 두어 마리가 바로 앞에서 나타난다면? 어쨌든 브레이크는 알고 있을 게다. 한번 생각해 보자. 닭은 왜 항상 자동차 앞을 가로질러 가는 걸까?

놓치기 쉬우면서도 아주 분명한 이유가 하나 있다. 만약 닭이 차 뒤쪽으로(즉, 당신이 지나간 다음에) 지나간다면, 당신은 녀석을 볼 수 없다. 따라서 닭이 언제나 차 앞을 지나간다고 믿게 된다.

하지만 대문 앞에 밀짚으로 엮은 의자를 놓고 종일 앉아 있는 농부는 이렇게 큰소리칠 수도 있다. 닭이란 녀석들은 본래 차가 언제 지나가든 아무 때나 길을 건넌다고….

사실 모든 것은 관점의 차이일 뿐이다. 산 동네에서는 특히 양들이 그러하니까.

얘기인즉슨 그렇다. 단, 누군가 새로운 썰을 내놓기 전까지….

왜 벨기에 사람들이 감자튀김을 맨 처음 먹게 되었을까?

016

감자튀김이 빠진 맛있는 스테끄에후리뜨steak et frites[15]를 상상할 수 있을까? 절대 불가능하다. (반면, 스테이크 없는 치킨앤칩스chicken and chips는 아주 쉽게 떠올릴 수 있다. 필자는 지금 맛있는 감자튀김이 식탁에서 얼마나 중요한가를 설명하고 있다.) 감자튀김 없는 벨기에 거리를 상상할 수 있을까? 절대 불가능하다. 감자튀김은 벨기에의 전통 음식이자, 문화유산의 일부이므로.

감자튀김은 감자 껍질을 벗긴 다음, 성냥개비처럼 채 썰어 끓는 기름에 튀겨 만든다. 벨기에 사람들이 얇게 채 썬 감자를 물에 삶거나 숯

불이나 팬에 굽는 대신, 이렇듯 손도 많이 가고 열량도 높은 조리법을 선택한 이유는 무엇일까? 어쨌든 감자튀김이 벨기에의 전통 음식이 된 가장 주요한 배경은 무엇일까? 영어권에서는 감자튀김을 아예 '프렌치 프라이즈french fries'라고 부른다. 그럼에도 프랑스의 전통 음식이 아닌 이유는 무엇인가? 프랑스야말로 세계적인 요리 비법을 보유한 나라인데….

프랑스가 한발 느렸기 때문이다.

감자를 최초로 프랑스에 소개한 이는 앙뚜안 빠르망띠에Antoine Parmentier였지만, 그가 만든 파이가 감자를 유럽인들의 식탁에 올린 신호탄이 된 것은 아니다. 빠르망띠에는 1773년이 되어서야 비로소 감자 활용법을 프랑스인들에게

---

15 감자튀김을 곁들인 비프스테이크를 가리킨다.

소개했으니. 사실 에스파냐의 정복자들이 이미 17세기 초에 아메리카 대륙으로부터 감자를 들여왔다. 이후 에스파냐에서 시작하여 벨기에의 여러 주를 거쳐, 마침내 프루시아에서도 감자를 먹게 되었다. 벨기에인들이 감자를 먹는 문화는 1680년 이래로 널리 퍼져 나갔다.

그로부터 몇 년이 흐른 후, 에노Hainaut주는 감자를 영국으로도 수출한다. 쉽게 말해서, 뚜르 드 프랑스의 대표적인 난코스인 뚜르말레Tourmalet 구간에서조차 에디 메르크스Eddy Merckx와 같은 벨기에인들이 프랑스인들보다 앞서간 것과 같다.

일단 무대가 세워지면, 역사는 나아간다. 그리하여 모든 일은 뫼즈Meuse강을 끼고 있는 나뮈르Namur주에서 일어났다. 당시 나뮈르 주민들은 덩이줄기뿐만 아니라, '작은 생선 튀김 축제'라는 전통을 이어 오고 있었다. 해마다 같은 시기가 되면 뫼즈강에서 작은 고기를 잡아 기름에 튀겼다. 그런 다음, 마을 사람들이 다 함께 모여 생선 튀김을 실컷 먹었다.

하지만 어느 해인가 심각한 사건이 발생했다. 강이 얼어붙어 버린 것이다. 말 그대로 빙판이 만들어졌다. 고기잡이가 불가능해지고, 생선 튀김 축제도 열 수 없게 되었다. 그럼에도 아무런 문제가 되지 않았다! 나뮈르 주민들은 결코 포기하지 않았다.

생선과 비슷한 크기의 막대 모양으로 감자를 잘라 기름에 튀겼다. 여기서 무슨 말이 더 필요하겠는가? 바로 감자튀김이 태어난 것이다. 이 전설적인 레시피는 1781년에 처음 기록되었다.

바로 어제 저녁, '브뤼셀 버거 매직'의 청소부의 앞치마에도 감자튀김에 얽힌 역사의 흔적이 남았을 수 있으니, 한 번쯤 유심히 살펴보길.

얘기인즉슨 그렇다. 단, 누군가 새로운 썰을 내놓기 전까지….

프랑스어 자판에서 첫 줄의 배열은 왜 특별할까?

017

컴퓨터와 미니텔Minitel[16]의 프랑스어 자판을 보면 첫 줄의 배열은 다음과 같다.
A-Z-E-R-T-Y-U-I-O-P.
도무지 영문을 모르겠는걸? 불어에서는 A 다음에 Z가 오거나, R 다음에 T가 오거나, Y와 I 사이에 U가 오는 경우는 절대 없는데? 그다음도 마찬가지다.
그렇다면 쉽고 빠르게 입력할 수 있는 단순한 배열 대신에, 이렇듯 굳이 예외적인 방식으로 배열한 이유는 무엇일까?

---

16 프랑스 텔레콤에서는 미니텔 서비스라는 이름으로, 전화번호 안내 및 각종 생활 정보를 제공했다. 이 서비스를 이용하기 위한 단말기가 무료로 전화 가입자들에게 배포되기도 했지만, 인터넷 보급으로 인해 미니텔 이용자 수요가 줄어들면서 폐지되었다.

너무 빠른 속도로 입력하지 못하게 하려는 의도 때문이다.

미국의 인쇄업자 크리스토퍼 래섬 숄즈Christopher Latham Sholes는 1868년, 처음 타자기를 발명하면서 몇 차례의 시행착오를 겪었다. 테스트 과정에서 비서들이 자판을 너무나 빠르게 눌러 대는 바람에 급기야 타이핑을 계속할 수 없는 상황에 이르렀다. 숄즈는 당시 학교 선생님이던 형에게 조언을 구했고, 마침내 그의 형이 해결책을 찾아냈다.

타자기가 지닌 한계를 극복하기 위해, 자주 조합되는 글자들을 서로 멀리 두어야 했다. 프랑스어 자판에서 Q와 U의 경우가 그러하다. 그리곤, 가장 자주 사용하는 글자들은 가장 느린 손가락의 위치에 두었다. (가령, A는 새끼손가락으로 누르고, A보다 사용 빈도가 낮은 G는 씩씩한 집게손가락의 차지가 되도록 만들었다.) 마찬가지로 E, S, R, T처럼 가장 자주 사용되는 글자들은 모두 왼손가락으로 치도록 배치했다. 왼손이라 부르는 편이 (어쨌든 오른손잡이에게는) 더 적절해 보인다.

그리하여 영어 자판에서는 Q-W-E-R-T-Y로, 프랑스어 자판에서는 A-Z-E-R-T-Y로 배열이 완성되었다. 숄즈가 레밍턴Remington 매장에 시제품을 선보인 1874년 이후로 타자기가 양산되기 시작했다.

오늘날은 기계의 속도가 적게는 10배, 많게는 1,000배 이상 빨라졌지만, 그럼에도 숙련된 비서들의 손가락 속도는 따라잡지 못한다. 결국 달라진 것은 하나도 없는 셈이다.

얘기인즉슨 그렇다. 단, 누군가 새로운 썰을 내놓기 전까지….

파리를 왜 '빛의 도시'라고 부를까?

연인들은 알고 있다. 프랑스의 수도 파리가 '빛의 도시'라는 것을. 아니, 전 세계가 알고 있다고 해도 과언이 아니다. 수많은 불빛으로 빛나는 파리야말로 결코 열정이 사그라들지 않는 꿈의 도시라는 것을.

'빛의 도시 파리'라는 이 근사한 명성은 어디에서 왔을까? 오랜 시간을 거슬러 올라가야 한다. 17세기에서 온 표현이므로.

당시 파리를 방문한 외국인들은 하루 중 아무 때나, 특히 밤에도 대로뿐만 아니라 좁은 골목길마저 밝게 빛나는 이 도시에 매료되었다. 시인들은 황홀함에 취했고, 연인들은 파리를 다시 찾고 싶어했다.

단지 외관상으로 좋아 보이려고? 정숙한 여자들을 볼 수 있도록 하려고?

아쉽지만 그렇지 않다. 당시 파리는 세계적인 범죄의 도시였다. 창가에 양초 설치를 의무화하기 위해 1524년과 1558년, 두 차례에 걸쳐 법령이 제정될 정도였으니.

어떤 내용인지 함께 읽어 보자. "파리가 매력적인 도시이긴 하지만, 거리가 별로 밝지 않아 매일같이 절도와 살인 사건과 심지어 교통사고까지 발생하고 있다. 더욱이 대다수의 시민과 상인들은 밤마다 창가에 불을 밝힐 수 있을 만큼 형편이 넉넉하지 않아 밤거리를 다닐 위험을 무릅쓸 엄두를 내지 못하므로 (…), 거리를 활보하고 싶은 이들을 위해 길을 밝혀 줄 가로등의 설치가 필요해 보인다."

안타깝게도 이런 법령만으론 문제를 해결할 수 없었다. 파리는 불량배들의 끊임없는 싸움과 피로 얼룩졌다. '근대 경찰의 아버지'라 불리는 라레니La Reynie가 치안 감독관을 맡은 1680년 이후부터 규칙이 더욱 엄격해졌다. 라레니는 막다른 골목뿐만 아니라, 골목의 사잇길까지 모조리 환하게 불을 밝히게 했다. 세비녜Sévigné 부인은 지인에게 다음과 같은 편지를 보내기도 했다. "우리는 자정에도 라파예트Lafayette 부인 댁보다 훨씬 더 먼 포부르 생 제르멩Faubourg Saint Germain의 끝자락에 있는 보지라르Vaugirard 근처까지 스카롱Scarron 부인을 즐거운 마음으로 모셔다 드리고 있어요. 가로등이 길을 밝혀 주어, 강도의 위협을 받을까 걱정하지 않고 안전하고 기분 좋게 집으로 돌아온답니다." 빛의 도시 파리의 명성은 이렇게 만들어졌다.

얘기인즉슨 그렇다. 단, 누군가 새로운 썰을 내놓기 전까지….

샤페이의 피부는 왜 쭈글쭈글할까?

019

샤페이는 제법 유명하다. 몹시 쭈글쭈글하고 커다란 곰 인형 같은 얼굴 때문에 광고에도 많이 등장한다. 피부는 벨벳처럼 부드럽고 귀여운 주름으로 부풀어 올라, 세탁기에 넣고 빨아서 몸이 줄었다는 느낌이 강하게 든다.

샤페이의 원산지는 남중국해에 면한 광둥성이다. (여행객과 수의사를 위해 정확히 일러둔다.) 광둥성의 선사 유적지에 가 보면, 2,000년 이상된 작은 조각상들에도 샤페이가 새겨져 있다.

처음엔 사원의 수호견으로 지정되었는데, 그중 가장 용맹한 녀석이 호랑이와 멧돼지 사냥을 위한 조련을 받았다. 하지만 많은 중국인 사육자들은 샤페이를 대개 투견용으로 길렀다. 어쨌든 이것이 가장 개연성이 있는 이야기다.

그렇다면 왜 다른 개가 아닌 하필 샤페이였을까? 샤페이를 유리하게 만든 그것! 바로 주름 때문이다. 적이 송곳니로 물어봐야 고작 피부만 물릴 뿐이다. 샤페이는 생명 유지에 필수적인 장기가 훼손되는 경우는 거의 없다. 주름 덕분이다.

그런가 하면, 축 늘어진 피부 때문에 자신을 물어뜯는 적에게 몸을 돌려 반격을 가할 수도 있다. 그래서 사육자들은 '남아도는 피부'가 가장 많은 녀석들끼리 교배해 왔다.

그럼에도 샤페이는 오늘날 중국에서 멸종 위기를 맞았다. 물어뜯겨서가 아니다.

대약진 운동[17] 때문이다. 마오쩌둥毛澤東은 개를 군입으로 여겼으며, 공산혁명 세력은 개를 사치스럽고 상스러운 동물로 취급했다. 1947년부터는 하물며 개에 대해서도 세금을 물렸다. 아이고, 개 팔자야! 얘기인즉슨 그렇다. 단, 누군가 새로운 썰을 내놓기 전까지….

17 1958년~1960년 초, 마오쩌둥의 주도하에 일어난 노동력 집중화 산업의 추진을 통한 경제성장운동이다.

거울에 비추면 왜 좌우만 뒤바뀌어 보일까?

020

아침에 일어나 옷을 입고 머리를 빗다가 거울에 비친 자신의 모습을 보며 깜짝 놀란 적이 있을 것이다.

오른쪽 가르마는 거울에서는 왼쪽 가르마로 보이고, 왼쪽 손목에 찬 시계도 오른쪽 손목에 찬 것으로 거울에 비친다. 자신의 아름다움에 쉽게 도취하는 사춘기 소녀도 몸을 거울에 비추면 좌우가 뒤바뀐다는 사실 정도는 이미 잘 알고 있다.

그럼에도 어째서 거울에 비친 머리는 여전히 위에, 발은 아래에 있는 걸까? 거울을 90도(즉 ¼바퀴)로 돌려 봐도 결과는 같다. 거울의 내부 구조와는 아무런 상관이 없다. 그렇다면 무엇 때문일까?

이유는 아주 단순하다. 겉보기와 달리, 반사하는 거울은 좌우를 바꾸지 않기 때문이다.

다시 손목시계의 예로 돌아가자. 꽃병이 놓인 거울 속 서랍장은 당신의 왼쪽에 있고 선반은 오른쪽에 있다고 가정하자. 그러면 왼쪽 손목에 찬 시계는 서랍장 쪽에 있게 되고, 거울에 반사된 모습 역시 마찬가지다! 가령, 오른쪽 볼에 예쁘게 박힌 점도 선반 쪽에 있게 되며, 거울에 비친 모습처럼 방 안에서도 마찬가지가 된다.

원리가 같으면, 결과도 같다. 위아래의 문제를 말하자면, (가능한 그래야겠지만) 머리는 천장과 가깝고, 발은 바닥과 가까운 아래쪽에 있다. 거울에서도, 현실에서도.

사실 우리가 좌우를 말할 때, 그것은 방향에 따라 달라진다.
이러한 원리를 선원들은 익히 알고 있다. 배를 타고 보면 좌현이 왼쪽이지만, 배의 진행 방향으로 몸을 돌렸을 때만 그러하다. 몸을 뒤로 돌려서 배의 뒤쪽을 바라본다면 우현이 왼쪽에 위치하게 된다. 오른쪽과 왼쪽의 문제, 과연 정치의 세계에서는 어떠한가? 엄청나게 복잡하다.
얘기인즉슨 그렇다. 단, 누군가 새로운 썰을 내놓기 전까지….

시계 바늘은 왜 시계 방향으로 도는 걸까?

021

손목시계를 차고 있다면 지금 유심히 보길 바란다. 30분쯤 되었을 것이며, 잠시 후면 초침이 움직인다. 어느 방향으로 움직이고 있는가? 시계 방향이다! 너무도 당연한 일 아닌가?

그런데 어째서 시계 방향으로 도는 걸까? 시계는 12세기 프랑스 궁정에서 태어났다. 프랑스가 위치한 북반구에서 말이다. 이렇게 말하는 필자에게 다들 '그래서요?'라고 되물을 수 있다.

시계(손목시계는 나중에 등장한다.)가 발명되기 전에는 해시계가 사용되었다. 해시계의 그림자는 어느 방향으로 돌았을까? 시계 방향으로 돌았다.

만약 시계가 남반구에서 발명되었다면 어떻게 되었을까? 시계 바늘이 시계 반대 방향으로 돌았을 것이다. 얘기인즉슨 그렇다. 단, 누군가 새로운 썰을 내놓기 전까지….

애니메이션 등장인물들의 손가락은 왜 네 개뿐일까?

022

벅스 버니Bugs Bunny의 손을 유심히 보았는가? 도날드 덕Donald Duck의 손은? 프랑스 만화책에 등장하는 강아지 피프Pif의 손은?
만화책과 애니메이션에 등장하는 거의 모든 주인공들의 손가락은 네 개다. 만화책에서는 더욱 두드러진다. 지금 필자는 마치 인베이더Invader[18]에서 외계인의 정체를 폭로한 데이비드 빈센트David Vincent라도 된 기분이다.

그렇다면 스크루지 맥덕Scrooge McDuck 삼촌이 금덩이를 손가락 여덟 개로만 세는 이유는? 아무리 만화라도 그렇지, 무슨 악취미로 손가락 하나를 없앴는지 모르겠다.

답은 월트 디즈니 스튜디오에서 얻을 수 있었다. 당사자에게 직접 물어보았다. 그리기에 더 쉽고 편하기 때문이라고 한다! 김새는 답변이긴 하지만, 사실이다. 하지만 만화가가 어느 손가락을 생략했는지는 알 수 없다. 전문가들의 의견은 대체로 새끼손가락 쪽으로 기운다. 엄지손가락을 제외한 나머지 손가락 세 개는 크기가 비슷하기 때문이다.

디즈니 스튜디오가 여성을 배려하는 차원에서

---

[18] 미국의 ABC방송이 1967~68년까지 방영한 총 43편으로 구성된 연속극 형식의 공상 과학 드라마다. 어느 날 저녁, 건축가인 데이비드 빈센트는 차에서 꾸벅꾸벅 졸다가 미확인 비행접시의 착륙을 목격한다. 그날 저녁부터 계속해서 지구를 식민지로 만들기 위해 사람의 모습을 하고 지구에 은밀히 침투한 외계인과 싸워야 한다고 동료들을 끊임없이 설득한다.

그랬을 수도 있지만, 백설 공주나 신데렐라와 같은 여주인공들에겐 예외적으로 손가락 열 개를 모두 그려 주었다. 미인들은 덤으로 얻은 손가락으로 무엇을 하면 좋을지 매우 잘 알고 있으니. 혹시 잘 모른다면 즉시 다음 장으로 넘어가도록.
얘기인즉슨 그렇다. 단, 누군가 새로운 썰을 내놓기 전까지….

새끼손가락을
들어 올리고 먹으면
왜 우아해 보일까?

023

부 뒤망슈 드라브로스Bout du Manche de La Brosse 후작 부인의 호화 저택에 초대를 받아 함께 만찬을 즐기다 목격할 수 있다. 또는 『뿌엥 드뷔-이마주 뒤몽드』Point de vue-Images du monde』[19]에 실린 저녁 식사 사진에서도 보았을 수 있다. 새끼손가락을 들어 올리고 먹는 모습은 세련되고 우아해 보인다. 또한 손가락 관절의 미세한 근육 수축은 누가 봐도 교양이 넘치는 자태를 자아낸다. 그러다가 식탁보에 코를 풀지만 않는다면.

어떻게 된 영문인지 알아내기 위해 우선 베일을 벗겨 보자. 새끼손가락을 들어 올리면 우아해 보일 수는 있지만, 편리하지는 않다. 무슨 이런 이상한 예법이 다 있담?

식사 예절의 시작은 중세 시대로 거슬러 올라간다. 당시에는 심지어 상층 귀족들조차 씨돼지로 뚱뚱한 배를 채웠다. 오늘날의 식사 에티켓을 기준으로 보면, 세련되지 못했던 것이다. 봉건 시대의 식탁으로 가 보자! 영주들은 식전에 손을 씻는 법이 없었다. 그럼에도 거리낌 없이 접시 한 개를 돌려 가며 손가락으로 집어 먹었다. 생선 가시나 닭 뼈로 이를 쑤시고, 술잔도 하나를 돌려 가며 마셨다.

---

[19] 1953년부터 발행된 프랑스의 격주간 잡지로, 전 세계 왕실의 생활과 문화를 다룬다.

하지만 한두 손가락은 기름기가 묻지 않도록 살짝 들어 올렸다. 왜 그랬을까?
양념과 조미료를 덜기 전까진 적어도 한 손가락에는 아무 것도 묻히지 말아야 했기 때문이다! 꿀과 크림소스가 묻은 손가락으로 소금 한 줌만 뿌려 봐도 안다.
그리하여 새끼손가락을 들어 올리는 제스처가 식사 예절을 표현하는 하나의 방식이 되었고, 숟가락과 포크 사용이 일상화된 지금도 여전히 그러하다.
얘기인즉슨 그렇다. 단, 누군가 새로운 썰을 내놓기 전까지….

제비는 왜 비 오기 전에 낮게 날까?

024

프랑스의 가을 하늘은 대개 우중충하고 흐리면서 을씨년스럽다. (그래서 불어에는 "제비 한 마리가 왔다고 봄이 온 것은 아니다."라는 표현이 있다.)

제비들이 낮게 날면 그것은 곧 비가 올 조짐이며, 그로부터 두어 시간쯤 지나면 실제로 비가 내린다. 그런데 어떻게 제비들이 비가 내릴 것을 미리 아는 걸까?

사실 제비들은 아무 것도 모른다. 비가 쏟아지기 전, 대기는 습기로 가득 찬다. 기압이 변하면 작은 벌레들은 낮게 날 수밖에 없다. 날개에 물기가 들러붙으면 날아오르기 힘들기 때문이다.

작은 벌레들은 제비의 먹이가 된다. 그래서 제비들은 벌레를 쫓는다. 낮게 날수록 벌레를 한입에 꿀꺽 삼킬 수 있으니. 얘들아, 밥 먹자!

그럼 실제로 비가 언제 오냐고? 제비도 아직 비를 맞지 않았다. 우리들처럼.

얘기인즉슨 그렇다. 단, 누군가 새로운 썰을 내놓기 전까지….

내 심장이
뛰는 소리가 왜
내 귀에 안 들릴까?

025

당신의 마음이 선택한 사람, 당신이 사랑하는 사람과 함께 있을 때, 가슴에 귀를 대면 심장이 뛰는 소리가 들린다. 콩-닥, 콩-닥. 살면서 한 번쯤 경험하게 된다.
사람의 귀는 대단히 민감하여 동맥에서 피가 흐르는 소리까지도 감지할 수 있다.
사실 뇌는 심장 박동에 따라 맥박이 뛰는 혈관이 고루 분포되어 있다. 귀에서 몇 밀리미터 떨어진 곳만 해도 수십 개의 혈관이 있다. 그럼에도 박동 소리가 들리지 않는 이유는 뭘까?
관자놀이 뼈 때문이다. 관자놀이 뼈는 두개골과 연결되어 있는 골질부에 더 가까우며, 귀를 감싸고 있어 방음재 역할을 한다. 만일 관자놀이 뼈가 없다면 우리는 아주 미미한 진동은 전혀 감지하지 못할 것이다. 참고로 말하면, 인체의 내부 소음은 귀가 멍해질 정도로 요란하다. 하품할 때도 비슷한 일이 벌어지는데, 하품을 하는 순간 유스타키오관 eustachian tube 이 열려, 순간 청각에 변화가 느껴지는 것이다. 얘기인즉슨 그렇다. 단, 누군가 새로운 썰을 내놓기 전까지….

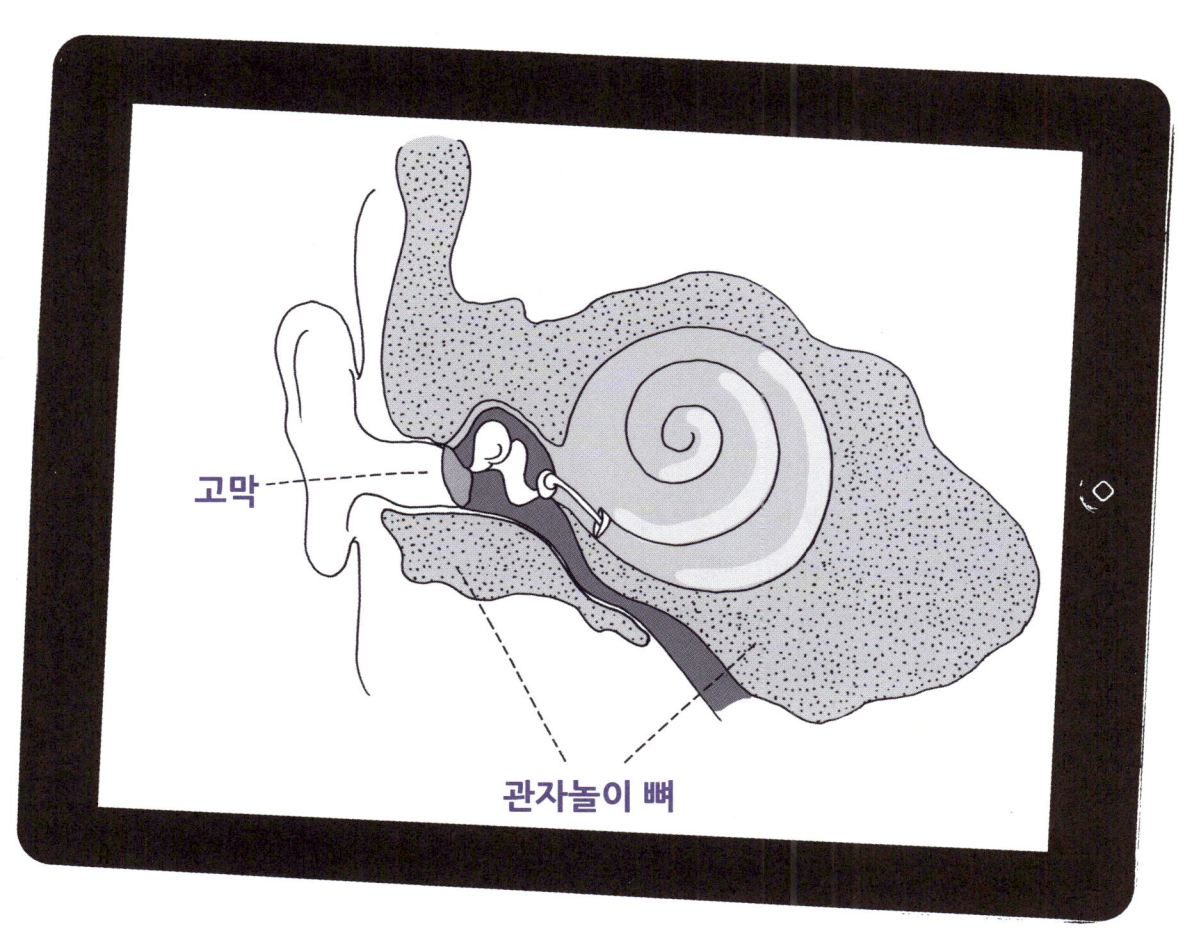

왜 고양이는
해가 쨍쨍한데도
잠을 잘 수 있을까?

026

눈을 감고 두 발을 모은 채, 평온하게 잠든 커다란 수고양이를 보면서 정말 부러운 생각이 들었을 것이다. 바로 이런 이유 때문에, 호랑이, 표범, 사자, 심지어 페르시아고양이까지도 '고양이과'로 분류된다. '고양이과'를 뜻하는 불어 '펠렝félins'은 '행복하다'는 뜻의 라틴어 '펠릭스felix'에서 왔다. 진짜 부러워할 만하다. 무위도식하는 사람들조차 고양이의 경지에는 도달하지 못했으니. 만화 『럭키 루크Lucky Luke』[20]에 등장하는 멕시코인도 철길에 앉아 잠시 꾸벅꾸벅 졸기 위해선 챙이 넓은 솜브레로sombrero가 반드시 필요하다.

반면, 고양이는 어떻게 햇빛이 쨍쨍 비치는 곳에서 잘 수 있을까? 단지 눈꺼풀만 감으면 된다.

고양이가 눈을 감으면 눈꺼풀이 보이고, 그 밑에 눈꺼풀이 하나 더 있다. 상하로 감기는 눈꺼풀과는 달리, 두 번째 눈꺼풀은 마치 극장의 막처럼 좌우로 여닫히면서 빛을 완벽하게 차단할 수 있다. 햇빛이 강렬하게 내리쬐는 한여름에도 고양이가 행복한 낮잠을 즐길 수 있는 비밀은 다름 아닌 두 겹짜리 눈꺼풀에 있다. 얘기인즉슨 그렇다. 단, 누군가 새로운 썰을 내놓기 전까지….

[20] 1946년에 벨기에의 만화가 모리스의 서부극 만화. 1991년에는 테렌스 힐 감독이 영화로 리메이크했다.

세 번째 눈꺼풀

왜 아이스하키 선수들은 서로 치고받고 때릴까?

027

아이스하키는 가장 박진감 넘치고, 가장 격렬한 빙상 스포츠 중 하나다. 선수들은 스케이트를 타고 달리며 상대의 퍽을 빼앗아 골을 넣기도 한다.

어깨를 서로 부딪치기도 하고, 상대를 경기장 펜스 쪽으로 밀어내기도 한다. 캐나다와 미국에서는 심지어 선수들 간의 몸싸움 장면만 모은 DVD도 판매한다.

아이스하키 선수들은 왜 이렇게 서로 치고받고 때리는 걸까?

헬멧을 쓰고 있어서 덜 위험한가? 사실 헬멧은 날아오는 퍽이나 넘어짐 또는 (명백한 고의가 아닌) 스틱의 타격으로부터 선수의 머리를 보호하는 장비다. 단, 몸싸움 도중 선수의 헬멧이 벗겨지는 경우를 제외하면. 헬멧이 벗겨져도 몸싸움은 멈추지 않는다.

자, 힌트를 주겠다. 필드하키 선수들은 이처럼 전투적으로 경기를 치르진 않는다.

뭔가 다른 원리가 숨어 있는 것이다. 아이스하키 선수들은 아이스 링크에서는 다치지 않는다. 이는 기초 물리학 차원의 문제로, 모든 작용에는 반작용이 따른다.

자동차가 플라타너스 나무를 들이받으면, 차에도 나무에 가해진 것과 똑같은 충격이 가해진다. (영국의 다이애나 황태자비가 교통사고로 사망한 알마 다리 Pont de l'Alma에 관한 이야기를 하려는 것은 아니다.) 권투 선수의 주먹이 상대 선수의 얼굴을 때리면, 주먹도 머리가 받는 것과 똑같은 충격을

받는다. (그래서 권투 장갑을 껴 얼굴뿐만 아니라 손도 보호하는 것이다.)

반면, 아이스하키에서는 충격이 훨씬 약하다. 충격의 일부가 빙판에 흡수되기 때문이다. 선수들이 타는 스케이트는 잘 미끄러지는데(미끄러짐은 스케이트를 타는 목적이기도 하다.) 충격을 받을 때의 에너지가 스케이트를 더 멀리 나아가게 한다. 이는 대포의 반동과 비슷한 원리다. 그래서 맞아도 덜 아픈 것이며, 아이스하키 선수들끼리 20~30분 동안 서로 열심히 때릴 수 있다.

때로는 선수들을 떼어 놓으려다가 심판이 맞는 경우도 있다. 만일 럭비에서 이런 식으로 때린다면 경기 도중 들것에 실려 나갈 것이다!

얘기인즉슨 그렇다. 단, 누군가 새로운 썰을 내놓기 전까지….

왜 사다리 밑을 지나가면 재수가 나쁘다고 믿을까?

028

옛날에는 물건이 머리 위로 떨어져 다치는 경우가 매우 잦다 보니, 사다리 밑으로 지나가면 재수가 나쁘다는 믿음이 있었다.

여러분의 직관을 굳이 모른 척할 필요는 없다. 미신은 어차피 세속적이고도 현실적인 이유와는 아무런 상관도 없으니.

약 2,000년 전의 성서 이야기로 거슬러 올라가자. 그리스도가 십자가에 못 박히자 누군가 사다리를 가져다 십자가에 기대어 놓았다. 그런 일이 생기자, 예수의 제자들은 사다리를 죽음, 배신, 잔인함과 같은 개념과 연관 지었다. 여기에는 물론 불운함도 포함되었다.

하지만 이야기는 여기서 끝나지 않는다. 17세기 무렵, 프랑스와 영국의 법에 따르면, 사형 집행인은 사다리를 빙 돌아서 가고, 사형수는 사다리 밑을 통과해야만 했다.

결국 신앙의 문제가 아니었던 것이다. 사다리 밑을 통과함으로써 죽음을 목전에 둔 마지막 순간이라는 처지를 통렬하게 느끼게 만든 것이다.

진심으로 조언하건대, 미신은 믿지 말길 바란다. 불행을 자초하는 지름길이다.

얘기인즉슨 그렇다. 단, 누군가 새로운 썰을 내놓기 전까지….

왜 동전의 테두리에는 글자나 문양을 새겨 넣을까?

029

2유로짜리 동전 하나를 꺼내어 살펴보자. 동전의 가장자리에 좁은 간격을 두고 별 모양의 장식이 새겨져 있다. 마치 별을 촘촘히 박아 넣은 톱니바퀴의 미니어처 같다. 호주머니 사정에 따라 1유로짜리 동전이라도 좋다. 1유로짜리에도 간격을 두면서 별이 듬성듬성 박혀 있다. 유로화 이전의 프랑스 화폐였던 10프랑짜리 동전의 가장자리에는 프랑스 공화국의 슬로건인 '자유, 평등, 박애'가 새겨져 있다. 유독 프랑스에서만 그런 것은 아니고, 가장자리에 규칙적으로 무언가를 새겨 넣는 경우는 제법 많다. 왜 그럴까?
전통 때문이다. 전통이라는 것이 대개 그러하듯 결코 임의로 세워지지 않는다.

구체제Ancien Régime 시절, 사기꾼들은 금화를 가지고 푼돈을 벌기 위한 확실한 술수를 찾아냈다. 동전의 테두리를 줄로 쓸어서 금가루를 모은 다음, 동전을 은밀히 다시 유통시켰다. 그래서 이들에게는 '설치류'('갉아먹는 이'라는 뜻으로, 1690년 프랑스어 사전에 처음으로 등록된 단어다.)라는 별명이 붙었다. 결국 이들 '설치류'의 활동을 막기 위해 동전의 테두리에 슬로건을 새기게 된 것이다.
즉 글자를 읽을 수 없다면 사용할 수 없는 동전인 것이다. 한번 확인해 보길 바란다.
얘기인즉슨 그렇다. 단, 누군가 새로운 썰을 내놓기 전까지….

왜 코브라는
뱀 마술사 앞에서
춤을 출까?

030

이번 장의 제목은 보는 즉시 소름이 끼칠 수 있다. 터번을 두른 나이 지긋한 인도인이 코브라 앞에 쭈그리고 앉아 있다. 코브라에 물리면 치명적이다. 코브라는 고작 두 뼘 남짓 떨어져 앉은 인도인을 공격하기는커녕 춤을 추고 있다. 대체 얼마나 대단한 음악이기에 뱀마저 춤추게 하는 것인지 직접 묻지 않을 수 없었다.

돌아온 답변은 아무 곡이든 상관없다는 것이다. 뱀은 들을 수 없으니까. 뱀은 음악이 아니라, 땅이 울리는 진동에 반응하는 것이다.

실제로 뱀 마술사는 피리를 불면서 발로 장단을 맞춘다. 위험을 감지한 코브라는 몸을 곧추세우며 경계한다. 느릿느릿 움직이는 피리가 적으로 보이기 때문이다. 따라서 코브라는 춤을 추는 것이 아니라, 상황을 압도하기 위해 마술사의 장단에 따라 몸을 흔드는 것이다.

피리로 뱀을 홀리는 마술사의 기술은 코브라가 경계 태세를 유지할 수 있도록 최적의 간격을 두는 데에 있다. 너무 가까우면 코브라의 공격을 받을 수 있고, 너무 멀면 코브라가 딴데 정신이 팔리든가 똬리를 틀고 휴식을 취하기 때문에 통제할 수 없게 되므로.

이어서 뱀 마술사는 한층 더 가혹해진다. 적정 거리를 유지한 채 피리를 불어, 피리에서 배출된 공기가 코브라의 등 위로 불게 한다. 그러면 코브라는 자극을 받아 경계를 유지하게 된다. 그래야 관객들도 버들광주리에 동전을 더 많이 넣어 줄 테니.

**인도를 여행하게 된다면 짐에 해독제를 꼭 넣어 가도록. 괜한 잔소리가 아니다.
얘기인즉슨 그렇다. 단, 누군가 새로운 썰을 내놓기 전까지….**

왜 A4 용지의 크기는 21㎝ x 29.7㎝일까?

031

복사기 앞에 서 있다 보면 갑자기 이런 궁금증이 생길 수 있다. 가로 21㎝에 세로 29.7㎝인 복사 용지는 어째서 이렇듯 이상한 모양을 하고 있는 걸까?

더구나 A3 용지는 왜 A4 용지보다 더 클까? 비상식적인 일 아닌가? 왜 이렇게 혼란스럽게 만들었지? 가령, 아우디 A8이 아우디 A4보다 더 크고, 보잉 747기가 보잉 707기보다 성능이 뛰어나며, 브래지어도 95C 사이즈가 85B보다 더 큰 것을!

A판형은 본래 접지에 관한 용어다. 가장 큰 종이의 긴 변을 반으로 접어 그보다 작은 종이를 얻는다. 그리하여 가로와 세로의 비율이 항상 같아진다.

$$세로 = 가로 \times \sqrt{2}$$

A판형의 시작은 1㎡짜리 종이다. 아주 단순하다. 84.1㎝(가로) × 118.9㎝(세로) 크기의 종이를 반으로 접으면, 59.4㎝(가로) × 84.1㎝(세로) 크기의 종이 2장을 얻는다. 이것을 또다시 반으로 접는다. 통상 A0 크기를 기준으로 한 접지 횟수를 A 바로 뒤에 숫자로 표시한다.

A3 용지가 A4 용지보다 더 큰 것은 접지 횟수가 1회 더 적기 때문이다.

그러니 앞으로는 복사기 앞에서 연애할 기회를 엿보는 것도 좋겠다. 얘기인즉슨 그렇다. 단, 누군가 새로운 썰을 내놓기 전까지….

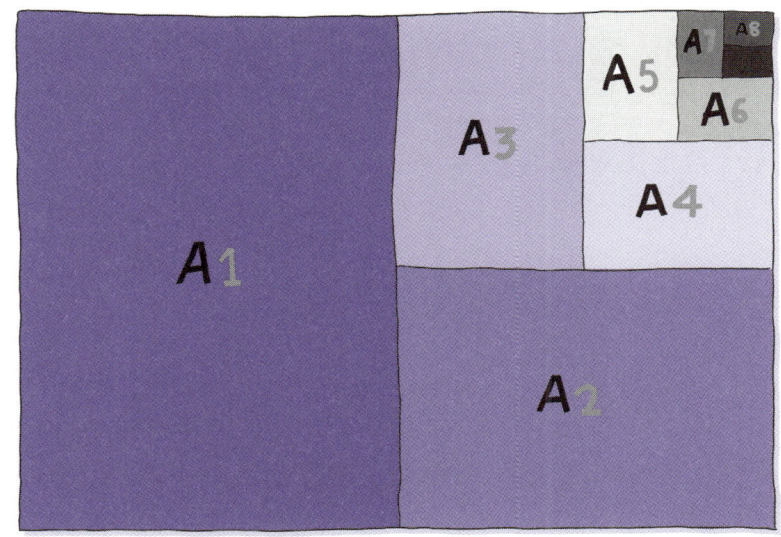
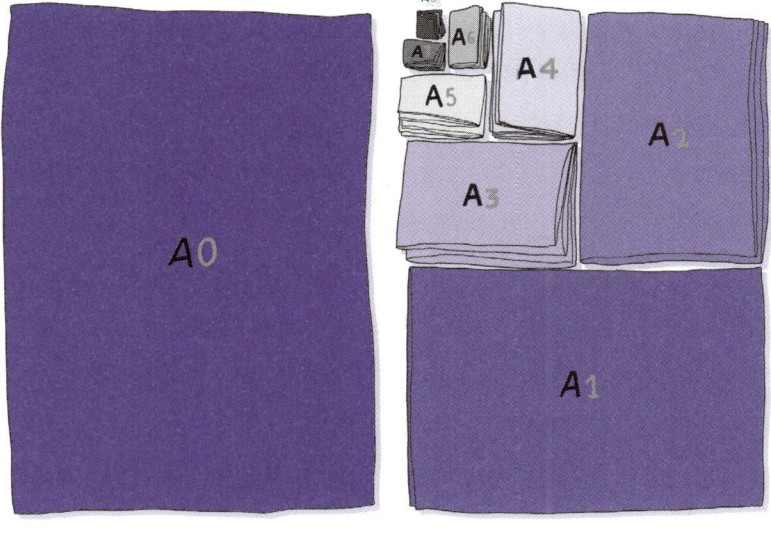

무슬림들은 왜 남녀가 다 함께 모여 기도하지 않을까?

032

모스크에서든, 텔레비전 뉴스를 통해서든 무슬림 남성들이 무릎을 꿇고 메카를 향해 기도하는 장면을 본 적이 있을 것이다. 무슬림 여성들 역시 같은 자세로, 같은 곳을 향해 기도한다.
그런데 무슬림들은 어째서 남녀가 다 함께 모여 기도하지 않는 걸까? 교회에서는 남녀가 기다란 의자에 함께 앉는데….
알라의 예언자 무함마드의 『코란』은 남녀를 분리하도록 규정했다. 무함마드의 가르침에 따르면, 기도는 오직 알라신만을 향해야 하며, 다른 어떤 것도 신자들의 마음을 동요시켜서는 안 된다. 남자들 가운데 여자가 있거나 혹은 여자들 가운데 남자가 있으면 정신이 산만해질 우려가 있다는 것이다.

한편, 절대 놓쳐서는 안 되는 장면이 하나 있다. 무릎을 꿇고 기도하는 무슬림들의 모습이다. 그런데, 남녀가 다 함께 모여 기도하는 장면에서 남자 바로 앞에 젊고 매력적인 여성이 있다고 가정해 보자.
무릎을 꿇는 남자의 시선이 도저히 메카로만 향할 수는 없다. 여자의 엉덩이로 시선이 집중될 게 뻔하다. 아니, 엉덩이라니…. 이런 상황에서 어떻게 알라신만 생각할 수 있겠는가? 알렉상드르 비알라트Alexandre Vialatte가 즐겨 말하던 그대로다. "이것이 바로 알라신이 위대한 이유다."
얘기인즉슨 그렇다. 단, 누군가 새로운 썰을 내놓기 전까지….

여성복과 남성복은 왜 단추를 채우는 방향이 다를까?

033

배우자에게서 옷을 빌려 입는 습관이 있거나, 멋을 좀 아는 사람들은 잘 알고 있을 만한 사실이 있다. 셔츠의 단추를 잠그는 방향이 성별에 따라 다르다는 것을.

남성용 셔츠에서는 오른쪽 자락에 단추가 달리고 왼쪽 자락이 그 위로 포개어진다. 여성용 셔츠의 경우는 그와 반대다.

왜 그럴까? 스노비즘snobism[21]인가? 성차별주의 때문인가? 디자이너와 스타일리스트가 변덕스러워서? 셔츠를 더 많이 팔기 위해? 엄마가 오빠의 옷을 여동생에게 혹은 누나의 옷을 남동생에게 물려주는 일이 없게 하려고? 설마 그럴 리가 있을까? 이는 남녀가 주로 어떠한 활동을 하는가를 생각해 보면 쉽게 이해된다.

여기에는 약간의 역사적 배경이 있다. 티셔츠가 발명되기 몇 세기 전으로 거슬러 올라가 보자. 걸핏하면 결투를 하던 시절, 남성들은 오른손으로 칼을 들어 결투를 했다. 따라서 왼손으로 웃옷을 열어야 쉽고 빠르게 무기를 꺼내어 쥘 수 있었다.

엄마가 왼팔로 아기를 안고 있는 경우, 오른손으로 블라우스의 단추를 풀어야 했다. 뿐만 아니라, 능숙한 손놀림이 필요한 다른 모든 일을

---

[21] 신사인 척하는 속물근성을 뜻한다. 원래는 신분이 낮은 자를 가리키다가, 19세기 영국에서 신사인 체하며 허세를 부리는 속물들을 비꼬기 위해 널리 사용된 표현이다.

할 때도 마찬가지였다. 엄마가 아기를 왼팔로 안는 다른 이유는 아기의 머리를 엄마의 심장 가까이에 두고는 규칙적인 박동을 들려주기 위함이다. 그래야 아기를 안심시킬 수 있으니까. 얘기인즉슨 그렇다. 단, 누군가 새로운 썰을 내놓기 전까지….

왜 도심 외곽에는 인구수에 비해 선술집이 적을까?

034

우선 몇 가지 숫자부터 나열해 보겠다. 주민 500여 명이 사는 마을에는 8~10개의 번듯한 선술집들이 죽 늘어서 있는 반면, 6,200명이 거주하는 로즈니수부아Rosny-sous-Bois에는 선술집이 딱 한 곳뿐이다. 끄엉브리Queue-en-Brie는 프랑스 신기록을 보유하고 있다. 주민은 9,200명인데, 선술집은 딱 한 곳이라니! 술에 목마른 9,200명이 죄다 한 곳으로 몰리는 장면을 상상할 수 있을까? 대화도 나눌 수 없고, 술을 마실 수도 없을 것이다. 어쩌다 이러한 악조건에 놓이게 된 걸까? 프랑스의 선술집 설립 허가는 주류소매법에 따라 결정된다. 이는 공공장소에서의 음주를 규제하기 위해서다. 이 법의 L28조는 다음과 같이 정하고 있다.

"제4 유형에 속하는 신규 업소의 개업은 L47조에 규정된 경우를 제외하고는 금지된다."
그러나 법은 매우 엄격하게 제한했다. 꼬뮌commune[22]에서는 절대로 주류소매점을 열 수 없었다. 단, 꼬뮌이 아닌 450,000명 이상의 신도시에서는 가능했다. 또는 폐업하는 술집을 재매입할 수도 있지만, 대단히 복잡한 행정 절차를 밟아야만 한다.

22 프랑스의 행정 구역. 원래는 12세기에 북프랑스를 중심으로, 주민이 영주권의 남용에 맞서기 위해 상호부조를 명세하고 단결하며 왕 또는 영주로부터 특별히 특허장을 받아 성립된 주민 자치단체다. 중세 말기에 왕권이 강화되면서 도시는 점차 쇠퇴했다.

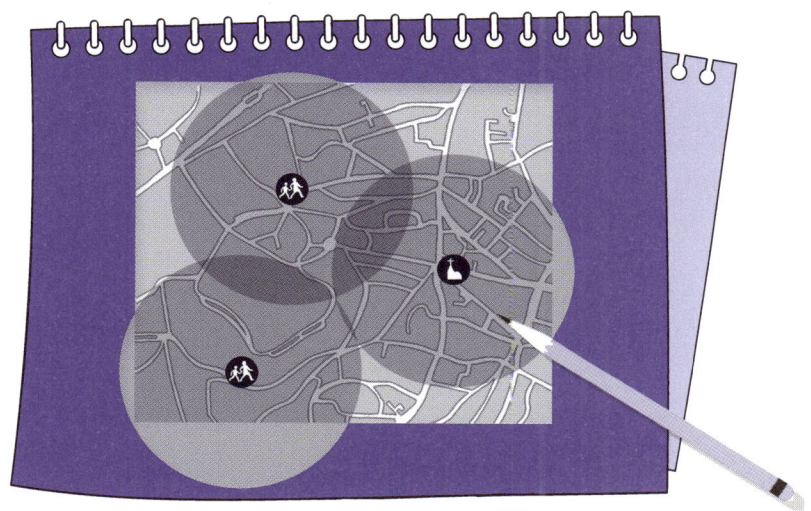

그런데 문제가 있다. 도시 외곽 지역의 인구가 폭발적으로 증가한 1959년 이전의 법령이기 때문이다. 50년 전부터 도시 외곽의 인구는 5~10배 증가했다. 하지만 술집의 수는 변하지 않았거나 오히려 줄었다. 이것도 모자라 일부 지방자치단체령은 학교나 교회로부터 반경 500~800m 이내에 주류소매점의 개업을 금지했다. 굳이 쥘 페리Jules Ferry[23] 시절을 다시 언급할 필요도 없다. 건물의 최고층이 6~7층일 때는 '안전거리'를 두는 것이 합리적이다. 만일 시골이라면 마을 여러 개를 이룰 수도 있겠지만, 콘크리트의 등장으로 주민 수천 명이 고층 건물 하나에 몰려 살 수 있게 되었다. 모든 고층 건물의 1층에 학교가 있다고 가정해 보자. 주민들이 근처 선술집에 모여 아이들의 졸업을 서로 축하할 수 있는 기회는 결코 주어지지 않을 것이다. 얘기인즉슨 그렇다. 단, 누군가 새로운 썰을 내놓기 전까지….

---

23 제3공화정 초기에 두 차례(1880~81, 1883~85)에 걸쳐 총리를 역임한 프랑스의 정치가. 반가톨릭적인 공화주의적 교육 정책을 실시했고, 프랑스 식민지 제국주의 확장에 기여했다.

뿌조 자동차의 모델명에는 왜 0이 들어갈까?

035

브랜드를 확인하지 않고 단지 번호만 보더라도 뿌조 자동차라는 것을 누구나 알아챌 수 있다. XTZ 123은 뿌조가 아니다. *404*, *205*, *605*은 뿌조다! 아직 존재하지는 않지만, *909* 역시 뿌조가 될 것이다. 1832년에 뿌조를 창립한 아르망 뿌조_{Armand Peugeot}[24]는 수십 개나 되는 모델의 시동키 구멍마다 일일이 숫자 0을 넣을 생각은 하지 못했다. 아르망 뿌조는 페티시스트도, 수 연구자도 아니었으니, *205*나 *604* 대신에 얼마든지 *25*나 *64*로 붙일 수도 있었다.

실제로 초창기 모델들은 두 자리 숫자인 *10*, *12*, *25*로 불렸다. 사진작가 자끄앙리 라르띠그_{Jacques-Henri Lartigue}는 1910년에 출시된 고성능 *뿌조22*의 운전대를 잡고선 즐거워했다.

1928년은 쏘쇼_{Sochaux}[25]의 역사에서 전환점이 된 해다. 뿌조는 〈파리 모터쇼〉에 6마력의 *201*을

---

[24] 프랑스의 자동차 회사인 뿌조의 설립자로, 휘발유 엔진을 장착한 최초의 자동차를 개발한 뒤, 1912년에는 각각의 단위 시간마다 더 많은 공기를 흡입해 엔진의 허용 최고 회전수와 흡입 회전율을 크게 함으로써 출력을 획기적으로 높인 DOHC 엔진을 세계 최초로 개발하여, 뿌조 자동차를 반석 위에 올려 놓았다.

[25] 독일과 스위스와 맞닿은 프랑스의 국경 도시. 프랑스의 자동차 회사인 뿌조가 사업을 시작한 도시로, 지금도 뿌조 자동차 공장이 있다. 따라서 쏘쇼와 뿌조는 사실상 거의 동의어처럼 쓰인다.

선보이며 세 자리 숫자로 이루어진 모델명을 처음 사용한다. 그 뒤를 이어 8마력의 *301*, 10마력의 *401*, 12마력의 *601*이 출시된다. 모두 가운데에 0이 있다.

왜 그랬을까? 디자인 팀은 차의 보닛에 약자를 넣었다. 그런데 전기 시동 장치가 없었던 당시에는 크랭크 핸들 때문에 어딘가에는 구멍을 뚫어야만 했다. 엔지니어들은 일석이조—石二鳥를 노렸다. 숫자 0을 뚫어 만든 것이다! 뿌조의 경영진은 이를 뿌조의 고유 모델명으로 삼았다. 101부터 909까지, 가운데에 0을 포함하는 세 자리 숫자를 상표로 등록했다. 경쟁사의 아이디어 도용을 방지하려는 의도 때문이었다. 이러한 대비책은 효과적이었다. 1963년, 신형 쿠페를 901로 출시하려던 포르쉐의 기획은 수포로 돌아갔다. 끈질긴 협상에도 결국엔 포르쉐의 모델명은 '911'로 변경되었다. 무려 107년 동안이나 물고 늘어질 일도 아닌 것 같은데. 얘기인즉슨 그렇다. 단, 누군가 새로운 썰을 내놓기 전까지….

미키마우스는 왜 장갑을 끼고 있을까?

036

어느 날, 서가에 쌓인 먼지를 닦다가 미키, 미니, 플루토, 구피가 사시사철 장갑을 끼고 있는 것을 보고 궁금해졌다. 멋있어 보이기 위해 이렇게 만들었나? 실은 고민의 흔적이다. 미키마우스가 처음 등장한 것은 1928년, 디즈니 스튜디오의 애니메이션 『정신 나간 비행기 Plane Crazy』에서다. 그로부터 2년 후, 세계적으로 이름을 날린 이 생쥐 녀석은 만화에도 등장한다. 월트 디즈니 Walt Disney가 글을 쓰고, 만화가 어브 아이웍스 Ub Iwerks가 그림을 그렸다. 당시의 미키는 커다란 노란색 단추로 고정된 빨간색 반바지를 입은 조그마한 생쥐였다.

미키는 처음엔 작고 볼품없는 생쥐였지만, 이후로는 독자들에게 보다 익숙한 공간인 도시로 모험을 떠나는 등, 나날이 현대화되어 도시적인 이미지를 갖춰 나간다.

디즈니와 아이웍스는 미키가 새로운 인물들과 만나게 했다. 미니와 플루토는 1931년에 그리고 구피(프랑스에서는 '딩고'라 부른다.)는 1933년에 만났다. 어쨌든 흰색 장갑은 줄곧 끼고 있었다. 무슨 특별한 이유가 있었던 걸까? 디즈니는 미키에게 반바지를 입혀 단정한 이미지를 주었다. 더 많은 이야기가 생산될 수 있다는 점에서 쥐의 발을 팔로 바꾸는 것은 좋은 해결책이었다.

하지만 발톱의 처리는 고민거리로 남았다. 발톱을 그대로 두면 너무 공격적으로 보일 것

같고, 손톱을 드러내는 것도 그리 좋아 보이지는 않았다. 디즈니는 미키의 손은 그대로 두고서 장갑을 끼워 주었다.

그러나 몇 년 후에 등장한 '오리 가족'은 장갑이 필요 없었다. 1934년에서 1940년 사이에 등장한 도날드 덕, 그 뒤를 이은 데이지 덕과 스크루지 맥덕 그리고 글래드 스톤에게는 발톱은 문제되지 않았다. 모두 날개를 가진 새들이기에. 만화가 플로이드 고트프레드슨 Floyd Gottfredson은 미키의 손가락 끝에 가느다란 털을 잔뜩 달아 주었다. 자세히 보면 솜 같은 잔털이 조금씩 비죽비죽 나 있다. 미키 역시 큼지막한 노란색 신발로 발을 가렸다. 반면, 도날드 덕과 그의 가족은 아무 것도 신고 있지 않다. 스크루지 맥덕 홀로 우아한 흰색 각반을 차고 있는데, 이마저도 물갈퀴 발을 드러내고 있다. 제리코가 그린 걸작 『메두사의 뗏목』과 같은 이야기다. 그림 속 조난자들은 누더기를 걸치고도 하나같이 신발은 신고 있는데, 이는 제리코가 미처 발을 그리지 못했기 때문이다! 제리코와 디즈니의 공통점은 문제를 극복하기 위해 모든 노력을 기울였다는데 있다.

얘기인즉슨 그렇다. 단, 누군가 새로운 썰을 내놓기 전까지….

도로에 설치된 정지 표지판은 왜 팔각형일까?

037

누구나 정지 표지판이 어떻게 생겼는지 알고 있다. 운전면허증 소지 여부와 상관없이. 속도 제한 표지판 또는 (보면 너무 반가워서 죽을 지경인) 주차 금지 표지판과 같은 원형이 아니다. 각이 진 여덟 개의 변을 가진 모양이다. 팔각형이다. 어째서 정지 표지판만 예외일까?

한 대형 트럭 운전사에 물어 보니, 다른 나라에서도 정지 표지판이 팔각형이기 때문이 아니냐는 반응을 보였다. 틀린 말은 아니지만 정답은 아니다. 물론 유럽은 빈 회의[26] 이후부터 대서양 너머의 미국과 캐나다의 교통 법규를 따랐다. 하지만 또 다른 궁금증이 생긴다. 무엇이 정지 표지판의 형태를 결정했을까?

눈과 서리 그리고 상식 때문이다. 추운 지방에서는 서리 때문에 표지판을 제대로 읽기 어려운 때가 많다. 단, 표지판의 형태가 특이하고 유별난 경우는 제외하고. 운전자들은 굳이 애쓰지 않아도 표지판의 경고문이 의미하는 바를 알고 있다.

정지! 설명은 이쯤에서 마치겠다.

얘기인즉슨 그렇다. 단, 누군가 새로운 썰을 내놓기 전까지….

---

[26] 도로 교통 표지판의 국제 표준을 설정하기 위한 회의. 1968년 11월 8일, 오스트리아의 빈에서 열렸다.

아리안 로켓은 왜 쿠루에서 발사될까?

038

남아메리카 대륙에 위치한 프랑스령 기아나Guyane의 쿠루Kourou에 유럽 우주국의 로켓 발사대가 놓인 것은 잘 알려진 사실이다. 다른 곳도 아니고, 왜 하필 기아나에? 기아나가 프랑스령이며, 아리안Ariane이 유럽 로켓이기 때문일 수도 있다. 하지만 런던도 뮌헨도 유럽의 도시들인데?

쿠루의 기후가 온화하기 때문이라는 또 다른 의견도 일리는 있다. 하지만 세비야Sevilla도 2월에는 날씨가 맑다. 인구가 적기 때문이라고? 물론 그렇긴 하다. 하지만 르라르작Le Larzac[27]에서 남의 발을 밟는 일을 상상이나 할 수 있겠는가? 한마디로, 무엇 때문에 그렇게 멀리까지 갔느냐는 것이다. 기아나는 프랑스에서 결코 가까운 곳이 아니다. 순환 도로 진입 램프의 개수는 그만두고라도, 파리에서 8,000㎞는 족히 떨어져 있다. 오히려 적도와 가까운 곳에 설치하는 것이 경제적이라는 의외의 논리가 성립된다. 하지만 우리가 일반적으로 생각하는 경제성의 문제는 아니다.

오늘날 쏘아 올린 대부분의 인공위성은 정지위성이다. 지구의 위, 정확히 말해서 적도 위의 같은 장소에 머물러 있다. 따라서 적도와 가까운 발사 기지가 있으면 적도면에 매우 인접한 위치로 인공위성을 직접 발사할 수 있다.

[27] 프랑스 남부 피레네 산맥의 르라르작 고원을 말한다.

쿠루는 적도로부터 5°밖에 떨어져 있지 않아, 이상적인 상황을 기준으로 할 때, 에너지 손실율이 1%밖에 되지 않는다. 상대적으로 북위 28°에 위치한 미국의 케이프 커내버럴Cape Canaveral에서 발사하면 미국이 부담하는 에너지 손실율이 27%에 달한다. 북위 46°에 위치한 바이코누르Baikonur 기지에서 쏘면 러시아는 55%의 에너지 손실을 치르게 된다.

만일 엑상프로방스Aix-en-Provence에서 아리안을 발사했다면 유럽도 55%의 에너지 손실을 보았을 것이다. 러시아와 미국을 앞서는 기회가 날이면 날마다 오는 것이 아니니, 프랑스에 좋은 기회가 온 것이다. 얘기인즉슨 그렇다. 단, 누군가 새로운 썰을 내놓기 전까지….

암고양이는
짝짓기를 할 때
왜 울음소리를 낼까?

수고양이와 암고양이가 며칠 간의 구애 끝에 마침내 한 몸임을 격렬하게 맹세하는 장면을 본 독자들이라면 다음의 이야기가 금세 이해될 것이다.

'구구구' 하며 달콤하게 속삭이는 비둘기나 멧비둘기와 달리, 고양이 아가씨는 수고양이의 내밀한 방문이 조금도 반갑지 않은 눈치가 역력하다. 암고양이는 으르렁대고, 울부짖고, 할퀴며 얼른 끝나기만을 바란다. 아파서 그런 것 같긴 한데, 왜 그럴까?

암고양이들이 가학적인 성관계를 즐기기 때문이라고 믿지는 말자. 주기적으로 배란하는 여자와는 달리 암고양이의 배란은 자연적으로 일어나지 않는다. 암고양이의 배란은 수컷과 교미를 한 다음에야 시작된다. (짝짓기를 하고 나서 24~36시간 정도 지나야 배란이 시작된다. 그러나 적어도 사흘 동안은 발정이 유지되므로 배란이 다소 지연되어도 무방하다.)

짝짓기가 끝난 후 암고양이가 느끼는 따끔함이 배란을 자극한다. 그런데 무엇이 암고양이를 이토록 따끔하게 하는 걸까? 수고양이의 생식기에는 짧고 날카로운 돌기들이 뽀족뽀족 나 있어, 질 안으로 미끄러지듯 쉽게 들어가지만 나올 때는 질 벽을 거칠게 긁는다. 즉, 질 벽이 거칠게 긁히는 순간, 암컷의 생식 호르몬에 신호가 가는 것이다.

얘기인즉슨 그렇다. 단, 누군가 새로운 썰을 내놓기 전까지….

골프 바지의 모양은 왜 특별할까?

040

골퍼들이 즐겨 입는 니커보커즈knickerbockers²⁸의 모양을 떠올려 보자. 참고로 땡땡Tintin도 골프 바지만 입는다. 양말을 딱 달라붙게 신고 종아리 높이에서 고무줄로 고정되는 바지로, 대개 베이지색이다. 이런 부풀어 오른 옷은 세련되어 보이지도 않는데, 왜 입는 걸까? 골프는 야외 스포츠이므로, 비가 오면 그린이 진흙탕이 된다. 그래서 무릎 근처까지 바지를 접어 올리면 바지 자락을 더럽히지 않을 수 있다.
길이는 그렇다고 치자. 그런데 바지 자락을 양말 안으로 넣는 이유는 뭘까? 이번엔 훨씬 더 얍삽한 생각 때문이다. 모든 골퍼들이 정직하지 못하고 때로 속임수를 쓰기도 한다. (영악한 골드핑거가 순진한 제임스 본드를 속인 장면을 떠올려 보자.) 가령, 경기 도중 미스샷을 냈을 때, 정직하지 않은 골퍼는 공이 있었으면 하는 지점으로 걸어간다. 이 골퍼도 공을 두어 개는 지니고 있다. 미리 뚫어 놓은 바지 주머니에 공을 넣었다가, 눈에 띄지 않게 슬그머니 흘리고는 갑자기 발견한 척하는 것이다. 하지만 니커보커즈를 입으면 속임수를 쓸 수 없다. 고무줄을 넣은 종아리에 골프공이 '턱' 걸려 버리기 때문이다. 역시 정의는 살아 있다. 얘기인즉슨 그렇다. 단, 누군가 새로운 썰을 내놓기 전까지⋯.

28 보통 '니커즈knickers'라 불리는 짧은 바지로, 무릎 아래에서 졸라매고, 위는 통이 넓다. 주로 골프·승마·등산·스키를 할 때 입는다.

건배를 할 때 왜 잔을 부딪칠까?

041

잔과 잔을 마주치면 '쨍'하는 경쾌한 소리가 나고, 이어서 '건배!'를 외치며 죽 들이킨다. 여러분도 이런 화기애애한 분위기를 좋아할 것이다.

하지만 애주가는 아쉬워하며 혼자 중얼거릴 수 있다. "아니, 뭐하러 잔을 부딪치는 거지? 잔이 단단 … 딸꾹! 잔이 단단한지 확인하려고 그러나?"

천만의 말씀. 실험은 빈티지 버본 위스키[29]를 따르기 전에 하는 편이 더 나았을 것이다.

이런 문화는 유리잔이 등장하기도 전인 중세 시대부터 시작되었다. 당시에는 나무나 금속 재질의 펑퍼짐한 잔이 사용되었다.

중세 시대의 음주 문화는 세련되지 못하고 투박했다. 다행히 분위기가 화기애애하면 무사히 넘어갔지만, 조금이라도 티격태격하는 순간, 순전히 충동적으로 친구나 이웃을 살해했다. 어떻게? 방법은 무엇이든 상관없었다.

아페리티프aperitif 한 잔이면 가장 은밀하게 그리고 단숨에 끝장낼 수 있었다. 새로 사 놓은 브랜디나 한잔하자며 상대를 초대한 다음, 소량의 비소砒素나 그와 효과가 비슷한 약을 잔에 타기만 하면 끝장을 볼 수 있었다. 정확히 말해, 눈엣가시인 상대를 죽일 수 있었다.

---

[29] 옥수수와 호밀로 만든 위스키로, 미국 위스키의 대명사로 통한다. '버본 위스키Bourbon Whiskey'라는 이름은 켄터키 주 버본의 지명에서 따왔다.

다행히 용감한 기사들뿐만 아니라, 그렇지 못한 기사들도 독이 든 술을 마시지 않기 위한 대책을 마련했다.

이는 해독제보다도 더 효과적이었다. 술 한잔하자고 친구를 초대한다. 초대받은 친구가 자신의 술을 당신의 잔에 따르고, 또한 당신도 친구의 잔에 당신의 술을 따른다. 가령, 시누이가 올케를 저세상으로 보내고자 마음을 먹는다면, 그 못된 시누이도 저승길에 함께 하게 되는 것이었다. 비록 흡족하진 않지만, 그쯤이면 웬만큼 한이 풀릴 법하다.

하지만 잔을 부딪치는 문화는 그때나 지금이나 거의 변하지 않았다. 다만 오늘날에는 술잔을 맞바꾸지 않고, 잔을 정답게 부딪친다. 서로에 대한 변함없는 믿음을 확인하기 위하여.

얘기인즉슨 그렇다. 단, 누군가 새로운 썰을 내놓기 전까지….

의사들은 왜 등을 두드릴까?

042

진료를 받으러 병원에 가면 흔히 겪게 되는 일이지만, 의사들이 타진打診을 하는 경우가 있다. 의사는 능숙하게 등을 두드린다. 통에서 케첩을 흘러나오게 하는 텍사스 할머니처럼 단호하지만 부드럽게 또한 참을성 있게. (할머니는 귀찮더라도 재료를 거칠게 다루어서 좋을 게 하나도 없다는 걸 잘 아니까.)

왜 타진을 할까? 환자의 척추가 튼튼한지 검사하려는 걸까? 전혀 그렇지 않다. 척추와는 아무런 상관도 없다. 실은 텍사스도, 케첩도 전혀 관계가 없다. 혹시 헷갈리게 했다면 미안하다. 타진의 역사는 다음과 같다. 오스트리아의 수도 빈에서 의사로 활동하던 레오폴트 아우엔브루거 Leopold Auenbrugger 는 1754년, 흉곽을 두드림으로써 일부 폐 질환의 진단이 가능함을 알아냈다. 어떻게 생각해 냈을까? 그의 아버지에게서 배웠다고 한다. 그의 아버지 역시 의사였다는 말인가? 아우엔브루거의 아버지는 당시 오스트리아 크라츠Craz에서 술집을 운영하고 있었다.

그는 포도주가 얼마나 남았는가를 가늠하기 위해 반드시 술통을 두드려 보았다. 울리는 소리가 나면 공기가 있다는 뜻이고, 그렇지 않으면 포도주로 가득 차 있다는 뜻이므로. 아버지는 술통을 두드렸고, 아들은 환자의 등을 두드렸다. 덕분에 고형 종양 혹은 혈액 종양과 같은 흉강 내 손상을 찾아낼 수 있었다. 건강한 폐에서 나는 소리는 그렇지 못한 폐에서 나는 소리와

다르므로. 폐는 단순한 형태에 밀도가 높고 꽉 찬 덩어리가 아니다. 사실 양쪽 폐는 공기로 채워진 양쪽 늑막강 안쪽에 있으며, 또한 폐 조직 자체에도 공기가 들어 있다.

여러분도 실험해 볼 수 있다. 술통처럼 공기가 찬 가슴 위쪽을 두드리면 '텅 빈 울림' 소리가 날 것이고, 가슴에서 근육이나 뼈처럼 단단한 곳은 '둔탁한' 소리가 날 것이다. 툭! 툭! 툭! 아우엔브루거는 이 새로운 진료법을 7년 동안 환자들에게 적용해 보았다. 그의 타진법은 1761년에 출간된 저서를 통해 의학계에 발표되어, 후대까지 전해 내려온다. 널리 알려진 『신 발견 Inventum Novum』이 바로 그것이다.

그리하여 이제는 늑막염(일반적인 경우보다 더 둔탁한 소리가 난다.)이나 기흉(폐에 공기가 지나치게 들어가면 울림이 더 커진다.)을 진단할 수 있게 되었다. 또는 복부를 두드려 장폐색을 진단할 수도 있다. 타진법은 미국 의사들 사이에서 흔히 '미니 엑스레이'라 불리는데, 이는 환자의 상태에 관한 정보를 얻을 수 있는 최고의 방법 중 하나로 꼽히기 때문이다. 가장 경제적인 방법이기도 하다.

이상, 지금까지의 이야기를 반투족의 속담을 빌어 요약해 보겠다. "빈 통에서 나는 소리는 요란하다." 그건 머리도 마찬가지일듯.

얘기인즉슨 그렇다. 단, 누군가 새로운 썰을 내놓기 전까지….

왜 프랑스 연극에서는 "왼쪽은 궁궐, 오른쪽은 정원" 이라는 표현을 쓸까?

043

"왼쪽은 궁궐, 오른쪽은 정원." 프랑스인들은 대개 이 멋스러운 표현을 알고 있다. 궁궐 쪽은 객석을 바라보는 배우의 왼편이고, 정원 쪽은 배우의 오른편이다. 어느 천재적인 작가가 이처럼 우아하고 고풍스러운 표현을 썼을까? 아이스킬로스? 셰익스피어? 미셸 레브Michel Leeb? 실은 보마르셰Beaumarchais와 관련이 있다. 『피가로의 결혼Le Mariage de Figaro』[30]의 리허설이 한창인 1784년의 파리로 가 보자. 배우들은 꼬메디 프랑세즈Comédie Française 소속이다. 그러나 극장에 문제가 생기는 바람에 배우들이 뛸르리Tuileries궁의 무대 장치실로 자리를 옮겨 연습을 해야 하는 상황이 발생했다.

마침 맞은편에는 센Seine강이 흐르고 있다. 강이 내려다보이는 쪽을 향해 배우들이 서면, 왼쪽에는 뛸르리 궁전의 안뜰이, 오른쪽에는 꽁꼬르드Concorde 광장까지 펼쳐진 정원이 보인다. 즉 배우들의 왼쪽에는 궁전이, 오른쪽에는 정원이 있는 것이다. 『피가로의 결혼』 초연은 폭풍 같은 인기를 얻어 큰 성공을 거두었다. 또한 "왼쪽은 궁궐, 오른쪽은 정원."이라는 표현 역시 대단한 인기를 얻었다.

하지만 공연 중에는 정작 아무 소용이 없었다. 오히려 리허설 과정에선 쓸모가 있었다.

---

30 보마르셰의 희극 『피가로의 결혼』에 기초하여 로렌초 다 폰테가 대본을 쓰고, 1786년 볼프강 아마데우스 모차르트가 오페라 부파bouffa(희가극)를 완성했다.

가령, 연출가가 여배우에게 왼쪽으로 가라고 지시하면, 배우는 이렇게 되묻곤 했다. "연출가님 기준으로 왼쪽인가요, 아니면 제 기준으로 왼쪽인가요?" 그러나 연출가가 정원 쪽으로, 즉 연출가 기준으로 왼쪽으로 가라고 했다면, 배우는 당연히 자신의 오른쪽으로 움직이라는 뜻으로 즉시 이해했을 것이다. 이리하여 무대에 있든 객석에 있든, 방향을 결정하기 위해 몸을 돌릴 필요가 없어졌다. 배의 '좌현'과 '우현' 역시 비슷한 사례다.

근사한 표현이지만, 어느 쪽이 궁전이고 어느 쪽이 정원인지를 판단하는 기준은 이젠 많은 이들의 뇌리에서 희미해졌다. 자, 다음과 같은 암기 비법을 공개한다. 단, 반드시 객석에서 무대를 향해야 한다. 반드시 그래야만 한다. 그런 다음, 객석 쪽에서 예수 그리스도를 생각하면 된다. 줄여서 'J.C.'라고 쓰기 때문이다. 즉, 머리글자를 자세히 보면, 정원jardin의 J는 왼쪽에, 궁전cour의 C는 오른쪽에 있다. 만일 당신이 지금 무대에 서 있다면, 객석에서 짜증 섞인 소리가 들려올 테니 그만 제자리로 돌아가는 편이 좋겠다. 얘기인즉슨 그렇다. 단, 누군가 새로운 썰을 내놓기 전까지….

밤에 차를 타고 가면 왜 달이 따라오는 걸로 보일까?

044

라로슈푸꼬 La Rochefoucauld는 인간은 태양도 죽음도 정면으로 바라볼 수 없음을 일깨워 주었다. 반면, 달은 가능하다. 특히 밤에 차 타고서 주의를 끄는 풍경이 없는 곳을 지나갈 때 더욱 눈에 띈다. 하늘 높이 뜬 달이 달리는 자동차를 정면으로 비추는 장면을 상상해 보자. 달리는 차를 달이 졸졸 뒤따르는 것 같지만, 결코 차를 따라잡을 수도, 거리를 좁힐 수도 없다. 달은 단지 그곳에 있을 뿐인데, 차가 달리는 방향으로 계속 쫓아오면서 나무와 골짜기 사이를 미끄러진다. 마치 아주 가까이에 있는 것 같다.
물론 달이 거대한 것도 있지만, 밤하늘의 주변에 달과 견줄 만한 것이 없기 때문이다.

23시 01분

(교통 표지판이나 갓길에 주차된 트럭과 같은) 도로변의 물체는 쏜살같이 지나가고, 언덕 위의 웅장한 성은 느릿느릿 지나간다. 저 멀리 지평선을 달리는 운전자는 높은 산의 윤곽을 알아볼 수 있다. 그가 어쩌다 수백 킬로미터 떨어진 곳까지 스키를 타러 가지 않는 한. 이 경우, 산꼭대기는 제법 만만한 곳으로 보인다. 언젠가 기필코 반대편으로 넘어가고야 말 테니.

이것이 달과 무슨 상관이 있단 말인가? 우리들이 보기엔 달이 아주 멀리 떨어진 거대한 언덕 같은데. 마치 큼지막한 가죽 부대처럼 생긴데다, 지름이 약 3,500㎞나 되는 달은 지구로부터 384,000㎞ 이상 떨어진 곳에 살아 움직인다. 그림 속의 차는 빠르게 달리고 있다! 속도계가 시속 120㎞는 가리킬 것만 같다.

옆 페이지의 그림과 다른 점을 찾아 보자. 성이 자동차보다 뒤에 있다. 2㎞ 이상 나아갔지만 달과의 각도는 거의 변하지 않았다. (2와 384,000을 비교해 보라). 그래서 마치 달이 움직이지 않는 것처럼 보이는 것이다. 실은 가속 페달을 밟고 있기에 차는 전진하고 있다. 즉, 차와 함께 달이 앞으로 나아가고 있다는 결론에 이르게 된다. 이상 증명을 마치겠다. 이러한 시각 현상을 가리켜 시차視差라 한다. 천문학자들은 시차를 이용하여 아주 먼 거리도 정확히 측정한다.

꼴뤼슈Coluche가 말했다. "체구가 아주 작은 한 남자를 아는데, 처음 봤을 때 그가 멀리 있기 때문에 너무 작아 보이는 거라 여겼지 뭐야."
달의 경우는 이와 반대다.
얘기인즉슨 그렇다. 단, 누군가 새로운 썰을 내놓기 전까지….

23시 02분

거미는 왜 자기가 쳐놓은 줄에 걸리지 않을까?

045

다리가 많고 털이 난 거미가 거미줄에 걸린 불쌍한 날벌레를 덮치는 끔찍한 광경을 어쩌면 한 번쯤은 목격했을 것이다. 물론 모든 거미가 거미줄로 사냥하는 것은 아니다. 거미의 종류는 32,000종이 넘는다고 한다. 그중 늑대거미는 먹이를 추격한다. 물에 사는 물거미는 잠수종을 이용하며, 땅거미는 굴을 판 다음 덫을 놓는다. 거미 중에서도 가장 널리 알려져 꽤 친숙한 호랑거미도 물론 포함된다.

우리가 수다를 떠는 지금 이 순간에도 날벌레 한 마리가 어디선가 끈적이는 덫에 걸려 빠져나가지 못한 채 바둥거리고 있을 것이다.

바로 이때, 마치 자일을 타고 내려오듯, 클라이밍 로프를 따라 내려오듯, 거미 한 마리가 능숙하게 먹잇감을 향해 미끄러져 온다. 어떻게 가능할까? 거미라는 녀석은 제법 영리해서 꾀를 내어 거미줄을 친다.

거미줄은 얼핏 보기엔 비단실 같지만, 자세히 살펴보면 두 종류가 있다. 즉, 끈적거리는 줄과 끈적거리지 않는 줄이다. 거미가 뽑아내는 '비단실'의 비밀은 '방적 돌기'라는 특수한 기관에 있다.

거미는 우선 덫을 놓기 전에 끈적이지 않는 줄로 얼개를 드리우며 거미줄을 짠다. 마치 옷감을 짜는 것과 같다. 그리곤 거미줄 가운데 부분에도 끈적이지 않는 실을 드리운다. 이곳에 숨어서 먹잇감을 기다릴 것이다.

이번에는 가운데부터 시작해, 끈적이는 줄로

마치 동심원을 그리듯 점점 더 넓혀가며 작품을 완성한다.
거미줄에 갇힌 벌레는 살기 위해 안간힘을 쓰며 온몸을 격렬하게 떤다. 죽음의 신호다. 거미는 거미줄이 갑자기 흔들리는 것을 보고 벌레의 위치를 알아낸다. 그리곤 줄에 걸려든 벌레가 있는 곳까지 끈적이지 않는 줄을 타고 다가간다. 끈적이지 않는 줄이 놓인 위치와 모양은 오직 거미 자신만 알고 있다. 마치 적군 몰래 땅에 묻어 놓은 지뢰의 지도를 지닌 병사처럼.
그럼에도 어쩌다 서투른 거미 한 마리가 여덟 개의 다리 중 하나가 끈적이는 줄 하나에 걸리는 장면을 목격할 때도 있다. 물론 지극히 드문 일이기는 하지만. 거미는 교황과 비슷해서 그 어떠한 상황이 닥쳐도 결코 당황하지 않으며 또한 잘 걸려들지도 않는다.
얘기인즉슨 그렇다. 단, 누군가 새로운 썰을 내놓기 전까지….

독수리의 목 주변에는 왜 깃털이 없을까?

046

을씨년스럽고 험상궂은 독수리가 하늘을 나는 모습을 떠올려 보자. 스파게티가 등장하지 않는 이탈리아 판 서부 영화뿐만 아니라, 사막을 배경으로 한 『럭키 루크』에도 등장했다.

동물 시체에 머리를 파묻고 썩은 고기를 먹는 독수리들의 차가운 몸짓과 탐욕스러운 시선이 떠오른다. 특히 깃털이 없어 음침한 느낌을 주는 독수리의 앙상하고 길쭉한 목, 구석에서 울지도 않고 조용히 썩어 가는 새의 머리를 해치워 버리는 독수리의 목을 머릿속에 그려 보자. 독수리의 목에는 깃털이 하나도 없다. 왜 그럴까? 대답하기 전에 일단 괄호부터 열겠다.

(알렉상드르 비알라트가 그토록 애지중지했던 위엄 있는 수염수리는 논외로 하겠다. 수염수리는 썩은 고기를 먹는 처지에 만족하지 않고 살아 있는 동물들 - 가끔 뱀, 거북, 토끼, 심지어 어린 가젤처럼 덩치가 제법 큰 동물들 - 을 맹렬히 공격한다. 이는 수염수리에 관한 수수께끼 중 하나에 불과하다. 마치 수염처럼 턱을 덮고 있는 덥수룩한 털 그리고 창끝처럼 삐죽삐죽하면서도 목을 장식하듯 풍성한 깃털 때문에 수염수리라 불린다. 따라서 오늘의 주제에서는 벗어난다.)

여기서는 독수리의 왕, 즉 아메리카 대륙에 사는 왕대머리수리만 다루겠다. 왕대머리수리는 가장 유명한 독수리이자, 사진을 가장 잘 받는 녀석이기도 하며 또한 가장 무서운 독수리이기도 하다. 죽음의 골짜기에서 마실 물도 없이

길을 잃은 카우보이만 녀석을 두려워하는 것은 아니다. 왕대머리수리가 다가오면 커다란 사체 주변에 모여 있던 다른 동물들은 슬금슬금 물러난다. 갈고리 모양의 부리, 검은 꽁지, 무성한 회색 목깃 때문에 경쟁자들은 멀찍이 떨어진 곳에서도 왕대머리수리를 한눈에 알아본다. 목에는 모이주머니처럼 털이 없고 단지 혹이 몇 개 나 있을 뿐이다. 이렇듯 특정한 부위에만 털이 나지 않은 이유는 무엇일까? 겁을 주는 용도는 아니다. 동물의 세계에서는 오히려 적에게 털과 깃털로 위압적인 몸집을 과시한다. 몸을 시원하게 유지하려고? 하지만 그런 이유에서라면 독수리의 몸 전체에 깃털이 없어야 한다.

그렇다면? 실은 위생의 문제다. 왕대머리수리는 고기에 머리를 파묻고 먹는다. 목에 깃털이 달려 있다면 머지않아 구더기와 파리처럼 피 묻은 고기에 모여든 온갖 더러운 벌레와 기생충의 서식처가 되며 또한 질병에 걸릴 위험에 노출될 수도 있을 것이다.

그러나 자연 선택이 녀석에게 위생을 보장해 준 셈이다. 겉보기와 달리 왕대머리수리에는 해로운 기생충이 살지 않는다. 어마어마한 양의 유기 물질을 먹어 치우는 매과 동물이기 때문이다. 그래서 고온 다습한 기후에 사는 사람들이 치명적인 전염병에는 잘 걸리지 않는 것이다. 어느 누가 썩어 가는 내장을 먹을 수 있겠는가? 간은 한 개, 신장은 두 개 그리고 독수리를 사랑할 이유는 세 가지. 얘기인즉슨 그렇다. 단, 누군가 새로운 썰을 내놓기 전까지….

검은색 옷을 입으면
왜 날씬해 보일까?

047

"검은색 옷을 입으면 날씬해 보인다." 여성 잡지들은 한 면을 가득 메울 정도로 이 한마디를 수없이 되풀이한다. (이러한 표현은 프랑스의 주요 여성 잡지들에서 자주 등장한다.)

모든 여자들이 이 주문을 따른다. 멋이나 개성에 무관심한 여자들은 제외하고. 그런데 어째서 검정색이 날씬해 보이게 하는 걸까?

검정색은 흡수하는 성질이 있다. 모든 파장, 즉 빛의 스펙트럼을 구성하는 모든 색을 흡수한다. 검은색 벽은 흰색 벽보다 눈에 잘 띄지 않는다.

톱 모델이 알라이아Alaïa[31]의 사랑스러운 검정색 시스라인 드레스를 입으면, 그녀의 완벽한 얼굴, 흠 잡을 데 없는 완벽한 손, 285 사이즈의 하이힐과 같이, 눈에 잘 띄는 부분에 관심과 시선이 온통 쏠리게 된다. 모델의 몸매는 어느새 잊힌다. 그녀보다 20㎝는 더 작고, 20㎏은 더 나가는 가장 친한 친구가 같은 드레스를 입더라도 상황은 마찬가지다. 성공이다! 야호! 할렐루야! 알라이아!

---

[31] 프랑스에서 활동하는 튀니지 태생의 패션 디자이너로, 부드러운 가죽과 감각적인 니트 등으로 섬세하게 여성의 실루엣을 드러내는 옷으로 섹시하고 감각적인 분위기를 재창조한다.

뿐만 아니라, 과학자들이 시각에 관해 아직 완벽하게 증명하지 못한 신비스러운 현상도 있다. 같은 물건이라도 검은색일 때 더 작아 보인다. 이론 상으론 망막에 비치는 면적은 같은데도.

여러분도 이 신기한 현상을 간단히 확인해 볼 수 있다. 종이 한 장에 같은 크기의 작은 정사각형 두 개를 그린 다음, 그것을 각각 큰 정사각형으로 감싸 그린다. 단, 큰 정사각형 두 개의 크기는 서로 같아야 한다. 즉, 같은 그림을 두 번 그리는 셈이다. 그런 다음, 가운데 정사각형 두 개 중 하나는 검은색으로 칠하고, 다른 하나는 색칠하지 않고 그대로 둔다. 그러면 검은 정사각형이 색칠하지 않은 정사각형보다 더 작아 보인다.

반면, 흰색은 약간 커 보인다. 흰색은 빛을 발하는 속성, 즉, 거의 모든 빛의 스펙트럼을 반사하는 성질이 있다.

그러니 자신이 말랐다고 여기는 여성이라면 흰색 드레스를 입기를 권한다. 어쩐지 교황이 좀 야위어 보이지 않던가? 그런데 가로 줄무늬는? 왜 뚱뚱해 보일까? 또한 세로 줄무늬는? 왜 날씬해 보일까?

다음 장을 읽어 보면 이해가 될 것이다.

얘기인즉슨 그렇다. 단, 누군가 새로운 썰을 내놓기 전까지….

가로 줄무늬 옷을 입으면 왜 뚱뚱해 보일까?
(세로 줄무늬 옷은 날씬해 보이는데?)

048

별도의 그림을 그려 볼 필요는 없다. (이 책의 그림 작가인 캐시 카센티의 삽화만으로 충분히 이해될 테니.) 가로 줄무늬 옷을 입으면 뚱뚱해 보이는 반면, 세로 줄무늬 옷은 날씬해 보인다. 잘 알려진 바와 같이, 세로 줄무늬 옷이 오늘날 줄무늬 시장의 97.58%를 차지하고 있다. (단, 스포츠웨어는 제외하고.) 착시 현상은 아니다. 그저 가로 줄무늬는 가로로 읽히고, 세로 줄무늬는 세로로 읽힌다. 가로로 읽는다? 세로로 읽는다? 대체 그게 뭐지? 형태를 인지하는 것과 관련이 있다. 그림이든 글자든 혹은 우리 주변의 어떤 물체든 간에, 우리는 무의식중에 형태를 전반적으로 분석한다. 어떻게 분석할까? 물체 그 자체에 관한 분석으로부터 출발해야 한다.

이유는 다음과 같다. 가로 줄무늬는 물체의 상하보다는 좌우에 더 집중하게 만든다. 줄무늬의 영향으로 오직 물체의 측면으로만 시선이 쏠리게 되므로, 위와 아래는 자연스레 가려진다. 반대로 위에서 아래로 쓰인 텍스트와 같은 세로 줄무늬를 보면 물체의 높이에 주목하게 된다. 결국 가로 줄무늬 원피스를 입으면 엉덩이의 곡선을 더욱 돋보이게 할 수 있다. 반면, 세로 줄무늬 원피스는 괴상한 신발만 뚫어져라 쳐다보게 만든다. 그렇다면 이번엔 타탄체크 tartan check [32] 재킷의 줄무늬의 경우는 어떠한지 궁금한가? 얘기가 엄청 복잡해진다. 얘기인즉슨 그렇다. 단, 누군가 새로운 썰을 내놓기 전까지….

32 스코틀랜드 풍 체크 무늬로, 선의 굵기가 서로 다른 서너 가지 색이 바둑판처럼 엇갈려 격자를 이룬다.

치아는 왜 한번에 모두 나지 않을까?

사람은 태어날 때 치아가 없다. 카이만 악어와는 전혀 다르고, 오피넬 칼과는 비슷하다. 첫돌을 맞이하기 전에 첫 치아가 나는데, 이를 '젖니'라 한다. 6세가 되면 유치乳齒 20개가 모두 난다. 유치는 오래 가지 않는다. 7~8세부터 하나씩 빠지다가 결국엔 32개의 영구치로 교체된다. 영구치는 이름처럼 영구히 지니게 되는 치아다.

"그런데 치아는 왜 귀나 발가락처럼 한번에 모두 나지 않나요?" 어느 꼬마 아가씨가 이런 질문을 던질 수 있다. 유치는 왜 나는 걸까?

사람은 자라면서 턱뼈도 함께 자란다. 반면 턱뼈에 이른바 '세 들어 사는' 치아는 자라지 않고 '맹출한다'. 치아는 무엇인가? 생체 조직이 무기질화된 것이다. 처음에는 약 2~3㎜를 넘지 않는다. 조직이 일단 무기질화되면, 즉 완전히 치아가 되고 나면 더 이상 움직이지 않는다.

치아는 수명이 다할 때까지 처음의 크기를 유지한다. 치아가 초기에 아주 작게 보이는 것은 잇몸 아래에 감춰져 있기 때문이다. 오른쪽 그림에서처럼, 어린아이의 턱을 촬영한 X선 영상을 보면 필요 이상으로 치아가 많다.

아무리 손상되지 않았더라도, 어릴 적 치아를 어른이 될 때까지 계속 쓰는 것은 불가능하다. 유치는 어른의 입 크기에 비해 너무 작다. 그래서 치아가 두 번에 걸쳐 나는 것이다.

먼저 아이의 좁은 턱에 맞게 유치 한 벌이 난다. 그리곤 성인의 턱 아래에 숨어 있던 영구치

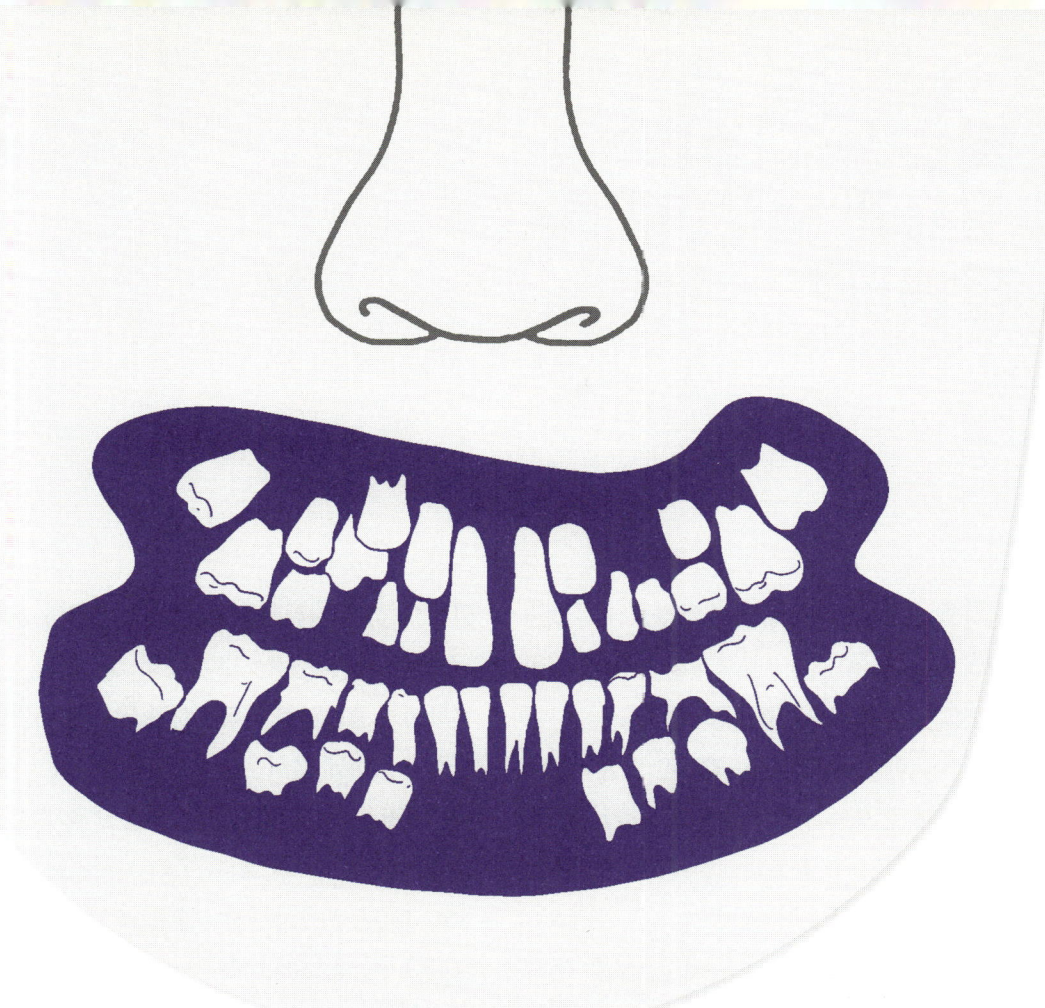

한 벌이 난다. 아기의 치아를 가진 아놀드 슈왈제네거가 머릿속에 그려지는가? 차라리 유모차의 바퀴를 단 페라리Ferrari를 상상하는 편이 낫겠다.

얘기인즉슨 그렇다. 단, 누군가 새로운 썰을 내놓기 전까지….

별은 왜 하늘에 고르게 분포하지 않을까?

050

한여름 밤, 문득 고개를 들어 하늘을 바라보자. **별이 총총한**(바로 이 경우에 딱 어울리는 말이다.) 곳도 있고, 거의 보이지 않는 곳도 있다.

우주 어디에나 존재한다고 알려진 별이 하늘에는 고르게 분포하지 않는 이유는 뭘까? 우주에서는 별이 고르게 분포하지만, 우리 은하계에서는 그렇지 않다.

은하계에 자리 잡고 있는 지구와 태양계는 구 모양을 하고 있지 않다. 넓적하고 가운데가 부풀어 오른 커다란 오믈렛처럼 생겼다.

전체 은하계는 1,000억 개의 별과 (플라즈마, 티끌과 같은) 성간星間 물질로 이루어져 있다. 그러나 지구는 은하계의 중심으로부터 약 28,000광년 떨어진 은하계의 가장자리, 즉 테두리에 인접해 있다. 따라서 모든 것은 망원경이 은하계의 어느 곳을 향하느냐에 달려 있다.

은하계의 중심부를 바라본다면 당연히 수많은 별들이 시야에 들어온다. 이것이 바로 '은하수'다. 그러나 측면에서 보면 별이 훨씬 적게 보인다. 잘 알려진 바와 같이, 우리 은하계는 길이 100,000광년에, 두께는 최대 15,000광년에 달한다. 즉, 장소에 따라 8~10배 이상 차이가 날 수 있다. 바로 이런 이유 때문에 하늘에 별이 고르게 분포하지 않는 것이다. 심지어 할리우드에서조차.

얘기인즉슨 그렇다. 단, 누군가 새로운 썰을 내놓기 전까지….

모든 일이 순조롭다는 뜻으로 왜 엄지손가락을 치켜세울까?

051

도로변에서 히치하이크를 할 때도 엄지손가락을 치켜세우기는 하지만, 대개는 만사가 순조롭다는 뜻이다.

하지만 이 제스처에는 어떤 객관적인 필요나 근거는 없다. '모든 게 순조롭다'는 뜻을 전달하기 위해, 엄지를 오른쪽으로 돌리거나 팔을 움직이거나 혹은 그 밖의 다른 몸짓을 사용하지 못할 이유는 없지 않은가?

이와 같은 수신호는 기원전 5세기 경 에트루리아인이 처음 시작하고, 이어서 로마인이 그 전통을 계승한 것으로, 오늘날의 도로 주행 수신호와는 거리가 멀다.

검투 경기가 열리는 원형 경기장에서 관중들이 엄지손가락을 치켜세우면 검투사는 운좋게 목숨을 건질 수 있었다.

이집트인들의 경우, 엄지손가락 언어를 개발했지만 이후 끊임없는 변형의 과정을 거쳤다.

문명 국가들에서 어쩌다 엄지손가락이 의사소통의 수단이 되었단 말인가?

이 물음에 가장 먼저 답을 제시한 연구자들이 있었으니, 이들에게 아무리 감사해도 지나치지 않을 것이다.

바로 율리우스 카이사르를 연구하는 역사가들이다. 이들은 갓 태어난 아기들은 보통 엄지손가락을 안쪽으로 접어 넣은 채 손을 꼭 쥐고 있다는 점에 주목했다. 그리곤 자라면서 점차 손을 펴고 주변 환경에 반응한다. 동시에 엄지손가락을 자유롭게 사용하게 된다.

그리고 죽음의 순간에는 마치 원점으로 되돌아가듯 엄지손가락을 다시 손 안으로 넣어 쥔다. 그래서 로마인들은 엄지손가락을 치켜세우는 동작으로 '살리다'를, 아래를 향하면 '죽이다'를 의미하게 된 것이다. 자, 다 함께 엄지손가락을 치켜세우자!
얘기인즉슨 그렇다. 단, 누군가 새로운 썰을 내놓기 전까지….

얼룩말은 왜
줄무늬가 필요할까?

052

얼룩말에게는 줄무늬가 있다. 흰 줄, 검은 줄, 검은 줄, 흰 줄…. 너무 많아서 그냥 줄무늬가 아니라 '얼룩말 무늬'라고 해야겠다.

그런데 얼룩말 무늬의 역할은 과연 무엇인가? 주변의 경치와 비슷하게 보여 위장하려는 것은 아니다. 흑백의 세로 줄무늬의 수풀을 본 적 있는가? 적갈색이라면 또 모르지만.

아주 가까운 거리에서는 줄무늬가 식별 표시가 되기도 한다. 그 밖에도 검정색과 흰색으로 세련되고 멋스럽게 꾸미지 않고도 완벽하게 구별되는 수천 종의 동물들도 있다.

그렇다면, 원인은 다른 데에 있는 것 같다. 얼룩말이 아닌 그 천적에게 말이다.

모든 얼룩말이 똑같은 줄무늬를 가진 것은 아니다. 중앙아프리카의 얼룩말에서 선명한 줄무늬가 보이는 것과는 달리, 남아프리카와 북아프리카의 얼룩말은 얼룩점박이 당나귀와 닮았다.

독일과 영국의 과학자들은 얼룩말의 서식지(왼쪽 지도)와 수면병을 옮기는 체체파리[33]의 서식지(오른쪽 지도)가 대체로 비슷하다는 사실을

---

[33] 보츠와나 원주민의 말에서 유래된 것으로 '소를 죽이는 파리'라는 뜻이다. 사하라 사막 이남의 아프리카에 분포하며 23종이 알려져 있다. 동작이 민첩하며 암수가 모두 사람과 동물의 피를 빨고 수면병 등을 매개한다. 성충은 삼림이나 사바나 등에서 살며 동물이 호흡하는 이산화탄소에 유인되어 흡혈하기 위해 날아온다.

얼룩말의 서식지

체체파리의 서식지

발견했다. 체체파리가 들끓는 아프리카의 열대 우림 지역 안으로 깊숙이 들어갈수록, 얼룩말의 줄무늬는 점점 더 선명해지고, 얼룩점박이 당나귀와는 확연히 달라 보인다. 가령, 100여 년 전에 남아프리카 공화국의 수도 케이프타운Cape Town에 서식하던 콰가는 줄무늬가 목 부위에만 보였다. 줄무늬와 체체파리는 서로 어떤 관계에 있는 걸까? 체체파리의 눈은 다면체에 가까워서, 특히 줄무늬와 같은 기하학적인 형태를 인식하는 능력이 매우 떨어진다. 결국엔 얼룩말을 놓치고 마는데, 이는 상대를 혼수상태에 빠뜨리는 침을 딴 곳에 찌르기 때문이다.

마지막으로 이런 의문이 생긴다. 얼룩말은 검은 바탕에 흰 줄무늬를 가진 걸까? 아니면 흰 바탕에 검은 줄무늬를 가진 걸까? 지금까지 정답을 알아내지 못했다. 어느 누구도.

얘기인즉슨 그렇다. 단, 누군가 새로운 썰을 내놓기 전까지….

왜 칼을 삼켜도 죽지 않을까?

053

여러분은 서커스에서 30㎝쯤 되는 제법 기다란 칼을 겁 없이 삼키는 이들을 본 적이 있을 것이다. 그들은 속임수가 아니라고 주장한다. 비결은 과연 무엇일까? 입 속에서 줄어드는 접이식 칼이나 칼자루를 삼킨 걸까?
어디 한번 살펴보자. 서커스 공연 전후에는 관객들도 칼을 돌려 가며 구경할 수 있으니. 꼼꼼히 살펴보아도 특이한 점은 찾기 어렵다. 오히려 수천 명의 이단자를 벨 수 있을 만한 살상 무기라는 것 이외에는. 그렇다면 비법은 어디에 있는 걸까? 답은 칼이 아니라, 칼을 삼키는 사람에게 있다. 보통 목구멍에 어떤 물건을 넣으려고 하면 즉시 구역 반사가 일어나 물건을 삼키지 못하게 된다. 즉, 목이 막히는 일이 없도록 차단된다. 혹시 손가락을 목구멍 깊숙이 넣어 봤다면 이해가 쉬울 수 있다. 칼을 삼키는 사람들은 이 반사 작용이 일어나지 못하도록 목 근육을 조절하는 훈련이 몸에 밴 것이다. 독자 여러분 가운데 일부는 '입과 위는 일직선상에 있지 않다.'며 반박할 수도 있다. 물론 가만히 있을 때는 직각을 이룬다. 하지만 고개를 뒤로 젖히면 식도는 구강의 축과 직선을 이룰 수 있다. 그렇게 칼을 삼키는 것이다. 그리하여 목젖을 지나쳐 위 또는 위 근처까지 칼이 내려갈 수 있다. 지금은 고인이 된 여배우 린다 러브레이스Linda Lovelace가 주연한 『목구멍 깊숙이 Deep Throat』를 연상시킨다. 얘기인즉슨 그렇다. 단, 누군가 새로운 썰을 내놓기 전까지….

샴페인 병은 왜 마개를 비틀어 딴 후에 잡아당길까?

054

기본은 알고 있겠지만, 이번 기회에 확실히 해두고 싶다면, 좋은 생각이다. 그렇다면 지금 당장 냉장고에서 샴페인을 꺼내 한 잔 따라 마시길. 여러분은 세계 최초로 샴페인을 마시며 동시에 실시간으로 묻고 답하는 책을 읽고 있다. 샴페인 병을 꽉 붙들고 병마개를 잡은 채 움직이기 시작할 때까지 돌린다. 이때 잘 잡아당기도록. 너무 세게 하지는 말고. "펑!"
거품이 가라앉게 그대로 둔다. 샴페인을 맛보려는 순간 문득 궁금해질 수 있다. 병마개를 먼저 따고 나서 잡아당기는 이유는 뭘까?
여러분은 에너지 소모를 최대한 줄이려는 똑똑한 독자들임에 틀림없다. 브라보!
우리는 병마개를 돌린다고 생각하지만, 실은 비튼다. 물론 코르크 마개의 위쪽은 회전하지만 마개의 아래쪽, 즉 병 안쪽으로 가려진 부분은 그렇지 않다.
하지만 물체를 비틀면 늘어나기 때문에 비틀리는 곳의 지름은 줄어든다. 가령, 젖은 수건을 짜면 비틀리는 곳의 부피가 줄어드는 것과 마찬가지다. 학술 용어로는 이러한 현상을 '긴축' 또는 '죄기'라 한다. 즉, 병마개가 비틀리는 곳의 지름이 줄어든다. 맨눈으로는 알아보기 어려울 만큼 아주 작은 차이지만, 그래도 줄어들기는 한다. 그 결과, 비틀린 부분의 유리 내벽에 대한 점착력이 줄어들면서 병마개가 미끄러지기 시작하고, 결국 스스로 빠져나오게 된다.
샴페인을 한 잔 더 따라 마셔 보자.

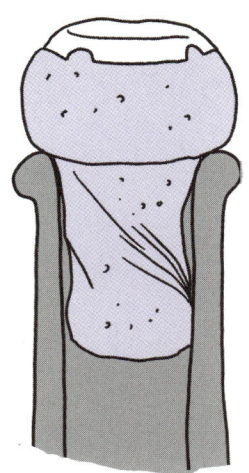

그래야 할 이유가 또 있으니.

병마개는 두 부분으로 나뉜다. 병 밖으로 노출된 윗부분과 병목 안쪽으로 숨은 아랫부분이다. 병마개의 윗부분은 아랫부분보다 반지름이 두 배 가량 크다.

자, 이 대목에서 지렛대의 원리가 연상되지 않는가? 병마개를 돌리면 윗부분, 즉 아랫부분보다 반지름이 두 배가 되는 곳에 힘이 가해진다. 즉, 힘들여 병마개를 위로 잡아당기면 공연히 두 배 더 힘을 들이게 되는 것이다. 또 다시 건배! 뭐, 가볍게 두 잔 정도는 괜찮다.

얘기인즉슨 그렇다. 단, 누군가 새로운 썰을 내놓기 전까지….

왜 단봉낙타의 혹은 한 개일까?

055

다 함께 세어 보자.

단봉낙타(학명:Camelus dromedarius)의 혹은 한 개. 쌍봉낙타(학명:Camelus bactrianus)의 혹은 두 개. 하지만 다음의 두 가지 질문은 낙타가 가진 혹의 개수가 아닌, 낙타 자체에 관한 것이다. 첫 번째 질문은 단봉낙타의 혹이 하나인 이유가 아닌, 기능을 묻는 문제에 더 가깝다. 여러분은 단봉낙타의 혹을 물 저장소로 알고 있겠지만, 그렇지 않다! 물론 혹 덕분에 단봉낙타가 건조한 사막에서 견딜 수 있는 건 사실이다. 사람의 열 배, 말의 네 배만큼 더 오래 견딜 수 있으며, 물 한 방울 마시지 않고도 300km를 나흘 만에 주파할 수 있다.

그런데 낙타의 혹에는 물이 아니라, 지방이 들어 있다. 사막의 열기가 지방을 만드는 걸까? 몸의 구성 성분인 지방에 포함된 수소와 공기 중의 산소가 결합하여 지방을 소모하는 호흡 과정을 통해 물(수소 원자 두 개와 산소 원자 한 개로 이루어진 H_2O)이 만들어진다. 지방 40kg이 든 혹에서 40ℓ가 훨씬 넘는 물이 만들어지는 것이다. 이처럼 자연은 대단히 체계적이며 고차원적이다.

그렇다면 왜 쌍봉낙타의 혹은 두 개일까?

단봉낙타보다 물을 더 많이 마시기 때문에? 아니면 햇빛이 더 강하게 내리쬐는 지역에 살아서? 자, 술에서 깬 맑은 정신으로 둘의 차이점을 말해 보자. 둘 다 낙타과에 속한다. 아시아에 서식하는 쌍봉낙타는 울지만, 아프리카에 서식하는 단봉낙타는 울지 않는다. 이 둘은 동물원이나 서커스 이외의 곳에선 서로 마주칠 일이 없다. 또한, 쌍봉낙타의 혹은 지방 저장소와 같아서 필요할 때마다 신진대사를 통해 지방을 물로 바꿀 수 있다. 그렇다면 단봉낙타의 혹이 하나인 이유는 뭘까? 예비용으로 하나 더 갖고 있으면 유리할 텐데. 이런, 너무 쉽게 힌트를 말해 버렸네.

실은 단봉낙타도 쌍봉낙타처럼 혹이 두 개다. 단지 어깨뼈 뒤에 첫 번째 혹이 가려져 눈에 잘 띄지 않을 뿐이다. 두 개의 혹이 합쳐졌다고 말할 수도 있다.

외관상으로는 단봉낙타의 혹이 하나뿐인 것으로 보이지만, 실은 쌍봉낙타처럼 혹이 두 개다. 단봉낙타를 유심히 살펴보면 두 혹 사이에 일종의 '분리 주름'이 관찰된다.

단봉낙타를 관찰할 기회는 별로 없을 테니 지금 꼼꼼히 살펴보면 좋을 것이다.

얘기인즉슨 그렇다. 단, 누군가 새로운 썰을 내놓기 전까지….

프랑스의 시골에서는
왜 홀수-짝수로 번지를
매기지 않는 걸까?

056

지난 주말, 친구의 새 집도 구경할 겸 노르망디Normandie로 향했다. 그런데 가는 길에 깨달은 사실이 하나 있다. 친구는 옹플뢰르Honfleur와 트루빌Trouville 사이로 난 작은 도로의 24번지에 산다. 111번지 앞을 지나면서, 24번지까지는 아직 한참을 더 가야할 것이라 여겼는데, 순간 깜짝 놀랐다! 친구가 사는 24번지가 바로 눈앞에 갑자기 나타난 것이다. 아니, 이럴 수가! 111번지에서 24번지로 건너뛰다니.

그런가 하면, 길의 같은 편에 짝수 지번과 홀수 지번이 있다니, 혹시 국토부의 실수인가? 아니면 출발하기 전에 마신 깔바도스Calvados[34]가 목에 걸렸나?

이도 저도 아니다. 프랑스의 시골에서는 홀수-짝수가 아니라 미터법으로 번지를 매긴다. 다시 말해, 111번지는 111번째 집이 아닌, 도로가 시작된 지점으로부터 111m 떨어진 곳에 위치하는 집이라는 사실을 표시한 것이다.

무엇 때문에 시골에서는 번지를 홀수-짝수로 매기지 않는 걸까?

---

34 프랑스 깔바도스가 원산지인 사과를 원료로 하여 제조한 브랜디다.

사람들이 놀랄 수 있기 때문이다. 하지만 결코 좋은 일로 놀라는 건 아니다. 생전 처음 간 시골 마을에서 16번지를 찾고 있다고 가정해 보자. 12번지 앞을 지나면서 거의 다 왔다는 생각에, "다 왔다!" 이렇게 외칠 수 있다. 실재로는 1~2㎞, 심지어 3㎞를 더 가야 하는데도 말이다. 만약 자전거를 타고, 그것도 오르막길로 간다면, 그야말로 최악의 사태가 벌어질 테니. 얘기인즉슨 그렇다. 단, 누군가 새로운 썰을 내놓기 전까지….

만나거나 헤어질 때 왜 악수를 나눌까?

어쩌면 평소에 신경을 쓰지 않고 지내는 부분일 수 있다. 우리는 누군가와 만나거나 헤어질 때 자연스레 악수를 나눈다. 그런데 왜 악수를 나눌까? 그리 단순한 문제는 아닌 듯하다.

늘 해 오던 방식이 아니기 때문이다. 수없이 많은 인사법에는 코를 서로 맞대고 비비는 에스키모들의 독특한 인사도 포함된다.

스파르타와 로마에서는 남자들이 길을 걷다 만나든, 말을 타고 만나든 상관없이 팔을 앞으로 뻗는 단순한 동작으로 인사를 나누었다.

중세에 이르러 악수는 유럽 도처에서 일반화되었다. 정확히 언제 시작했는지는 알 수 없지만, 어쨌든 사람들은 악수를 나누었다. 왜 그랬을까?

중세는 거칠고 무질서한 시대였다. 그래서 기사, 시골 영주, 상인, 노상강도, 한마디로 말해 '진짜' 남자들은 늘 단검을 지니고 다녔다. 아주 작은 위험에도 주저 없이 단검을 뽑아 들었다. 그저 팔을 들어 인사하는 것만으로는 상대가 호의적인지, 전투적인지를 정확히 파악할 수 없었기 때문이다. 따라서 상대가 무장하지 않았음을 확인하기 위해 손을 맞잡고 악수를 하게 되었다.

손을 맞잡은 이유는 이해했지만, 어째서 맞잡은 손을 흔드는 걸까? 이에 대해 일각에선 음모론을 제기하기도 한다. 즉, 만에 하나 품고 있을지도 모를 단검을 떨어뜨리기 위해 상대의 팔을 흔들어 정다운 인사법을 완성시켰다고

주장하는 이들도 있다. '악수하다'는 의미에는 '손을 흔듭시다.'는 뜻이 포함되어 있다.
반면, 여자들은 만났을 때 무조건 악수를 하지는 않는다. 마찬가지로 지인의 볼에 입을 맞추는 것도 현실적인 이유 때문이다. 여자들은 본래 무기를 지니고 다니지 않는다. 대신 미소로 무장한다. 무릇 신사는 결코 숙녀를 공격하지 않는 법이다. 그녀를 무장 해제하라!
얘기인즉슨 그렇다. 단, 누군가 새로운 썰을 내놓기 전까지….

달러를 왜 $로 표기할까?

058

돈에 관한 이야기를 좀 해 보자! '달러'를 두 가지 방법으로 표기할 수 있다. 'S'에 세로선을 하나 긋거나($) 혹은 두 개를 긋는 것이다($).

두 가지 사실에 대해 질문을 할 수 있다. 달러를 왜 'S'로 표기할까? 'D'로 표기하는 게 더 맞을 것 같은데! 하지만 어쨌든 'S'다! 그런데 왜 세로선을 긋는 걸까?

달러의 기원은 16세기 경 유럽으로 거슬러 올라간다. 당시는 교역이 활발해지면서 화폐 수요가 폭발적으로 증가했고, 신성로마제국은 탈러화를 사용하고 있었다. 신성로마제국의 영향력이 유럽의 일부 지역, 특히 스페인으로 확장되면서 탈러화는 대서양을 건너 남아메리카에서도 사용되었다. 또한, 탈러화는 '톨라tolar'에서 '달러dollar'로 그 명칭도 바뀌었다. (보다 정확한 명칭은 '스페인 달러Spanish dollar'다.)

그런데 달러가 어떻게 미국의 화폐가 되었을까? 미국이 영국으로부터 독립하기 전까지 꽤 오랜 동안 여러 화폐가 공존했다. 일부 주에서는 독자적인 화폐가 발행되기도 했다. 그러나 영국이 위기를 겪기 전까지는 미국에서 영국 화폐가 주로 사용되었다.

1792년 4월 2일, 마침내 미국의 독자적인 달러가 고안되었고, 이듬해 1793년에 공식 화폐로 지정되었다. 그리하여 첫 주화는 1794년에 모습을 드러냈다. 달러의 기호는 그것의 역사와 직접적인 연관이 있다. 스페인의 영향을 받아 처음에는 '스페인 달러'라 불렸다.

Spanish dollar $

그래서 스페인 달러에서 Spanish의 'S'와 dollar의 'l' 두 개를 따온 'S ll'로 부르기 시작했다. 이후 'S' 위에 'll'가 포개어지는데, 보다 분명하게 하기 위함이었다. 그러나 모든 역사가들이 이러한 주장에 동의한 것은 아니다. 일부는 보다 앵글로색슨족 중심으로 의미를 부여하고자 애썼다.

미합중국을 뜻하는 The United States of America에서 'The United States'의 이니셜은 'US'다. 미국 연방준비은행이 초기에 발행한 지폐에는 실제로 'US'라고 표기되어 있다. 그런데 그 표기 방식이 매우 독특하다. 'S' 위에 'U'가 포개진다. 그래서 'U'를 'S' 위에 아주 길쭉하게 그리면 'S' 위에 두 줄이 그어진 것처럼 보인다. 세로줄 두 개는 이렇게 설명된다. 그렇다면 줄 하나는? 이 또한 단순하다. 시간이 지날수록 점차 'U'의 두 줄 사이의 간격이 좁아지더니, 급기야 줄이 서로 포개져 하나가 되었다. 그렇게 완성된 것이 $다. 경제 현상은 반드시 이유가 있다.

얘기인즉슨 그렇다. 단, 누군가 새로운 썰을 내놓기 전까지….

왜 우리가 찾는 도시는 항상 지도의 가장자리에 있을까?

059

여러분도 알아챘을 것이다. 우리가 찾는 지점은 지도에서 늘 가장자리에 있다! 혹은 큰 지도에서는 대개 접히는 곳에 있다! 지도 제작 회사 측의 꼼수인가? 방향을 바꿔가며 찾아야 하는 불편함을 피하려고 지도를 가능한 많이 구입하게 만들려는 걸까? 아니면 GPS 제조사의 전략일까? 그 어느 것도 아니다. 괜히 지나친 상상은 접어 두자. 단지 수학적 논리의 문제이므로. 지도를 좀 더 자세히 들여다보자.

지도에서 모퉁이의 2㎝ 구역 내에 위치하는 어떤 도시가 있다고 하자. 우리가 대개 시중에서 구입하게 되는 지도는 가로 21㎝에 세로 29㎝인 A4 용지 크기이므로, 지도의 전체 면적은 609㎠다. 이에 비해, 지도의 가장자리는 전체 면적에서 192㎠를 차지한다. 즉, 지도의 약 삼분의 일을 차지한다는 뜻이다. 우리가 찾는 지점이 구역의 가장자리에 위치할 확률이 무려 삼분의 일이라니, 정말 놀랍지 않은가! 운전 중에 지도를 보게 되는 경우, 설령 가운데 지점에서 출발했더라도 결국엔 가장자리에 다다르게 된다. 그래서 지도의 한쪽 구석에서 도시가 숨바꼭질하는 짜증 나는 경험을 하게 된다. 지도를 새로 구입해도 찾아내기 힘들 것은 뻔한 일이다.

얘기인즉슨 그렇다. 단, 누군가 새로운 썰을 내놓기 전까지….

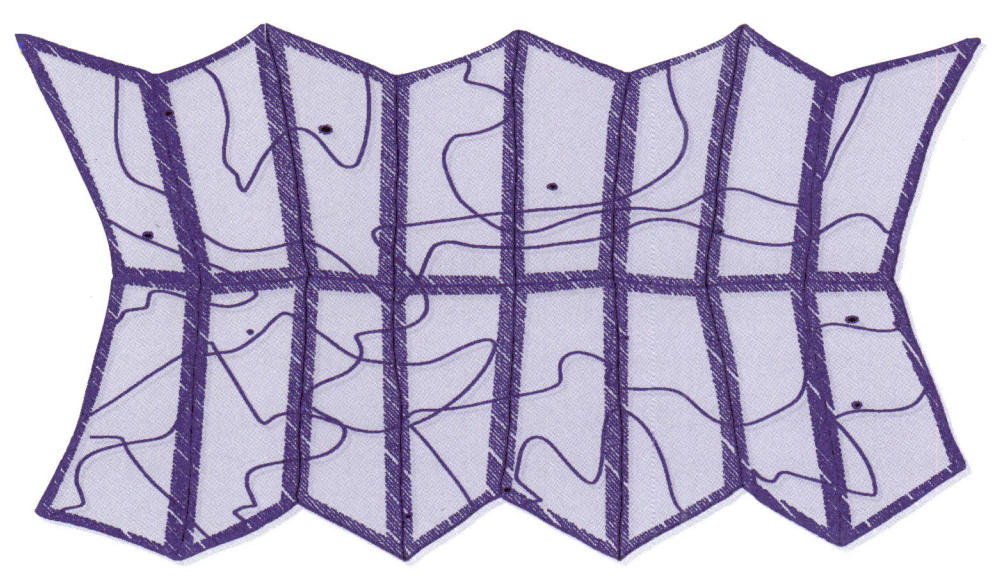

1시간은 왜 60분일까?

060

올림픽 중계방송을 보다가 화면의 우측 하단에 있는 스톱워치를 발견하고서 새삼 깨달았다. 아하! 1분은 60초(자유형 200m 경기에서 확인할 수 있다.)이고, 1시간은 60분(마라톤을 보면 분명하다.)이구나. 너무도 당연한 사실 아닌가? 누군가 이렇게 반문할 수도 있다. 물론 60분, 60초가 당연하지만, 어째서 10초, 10분은 안 되며, 100초, 100분 또한 안 되는 걸까?

디지털 스톱워치가 발명되기 훨씬 이전의 계산법 때문이다. 14세기 초반, 결정적인 사건이 발생한다. 그때부터 유럽인들은 조상 대대로 내려오던 불균등한 시간 계산법을 버리기 시작했다. 먼 옛날부터 인간은 계절과 무관하게 해가 뜰 때부터 질 때까지의 낮 시간, 일몰부터 다시 동이 틀 때까지의 밤 시간이라는 유연한 패턴에 따라 살아왔다. 낮 시간의 길이가 여름에는 길었다가, 겨울이 될수록 점점 짧아졌고, 밤의 길이는 그와 반대가 되었다. 그래서 '기나긴 겨울밤'이라는 표현도 자연스럽게 느껴졌다. 하지만 그 시절은 갔다! 오늘날에는 시간의 길이가 모두 균등하다.

당시 시간을 세부적으로 나누는 방식은 무질서 그 자체였다. 한마디로 제멋대로였다. 중세 전성기인 13세기, 백과사전 집필에 참여한 프랑스 철학자 바르톨로메우스 앙글리쿠스 Bartholomeus Anglicus는 불변의 24시간 체계를 존중하면서도, 24시간을 4점 또는 40각(때)으로 나누었다. 이때 4점과 40각은 각각 12온스로

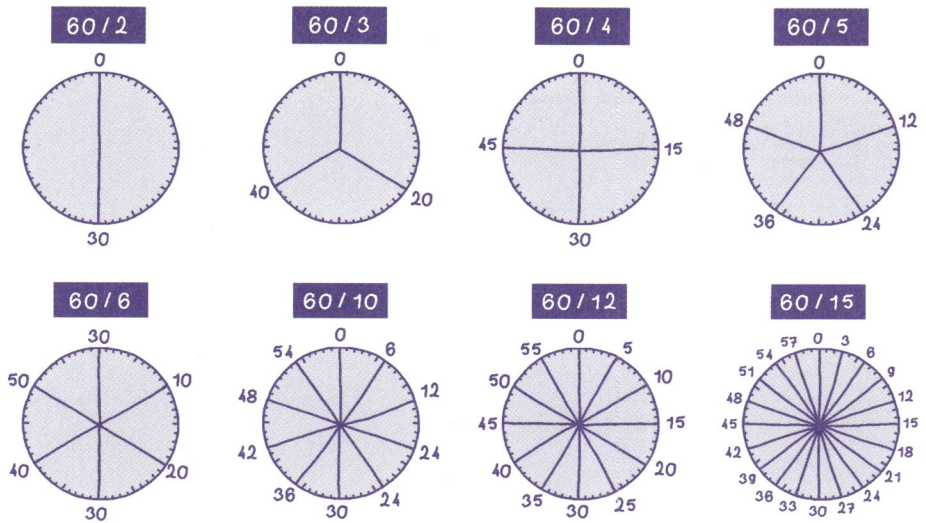

이루어져 있다. 단, 1온스는 47아톰atom이다.

그런데, 이처럼 복잡한 계산이 가능했던 시대에 시간 계산법을 단순화한 배경은 무엇일까? 중세 말 유럽에서는 혼란을 바로잡기 위하여 60분수를 기본으로 하는 60진법을 시간을 재는데도 이용하기 시작했다.

그런데 왜 하필 60이었을까? 오늘날 우리가 흔히 쓰는 계산기가 당시엔 없었기 때문이다. 덧셈, 곱셈, 뺄셈은 쉬웠지만, 최대 난관은 나눗셈에 있었다. 60은 탁월한 장점을 지닌 숫자다. 2, 3, 4, 5, 6으로 나누어 떨어지므로, 결국 10, 12, 15, 20, 30으로도 나누어 떨어진다. 정말 쉽고 단순하다!

고대인들은 꽤 똑똑했던 것 같다. 기원전 3000년 경 칼데아 및 수메르 상인들의 산술 그리고 바빌로니아의 유적인 니푸르의 석판(기원전 2200년~1350년)은 인류 최초로 60진법을 이용해 계산한 흔적에 해당한다. 그 후손들은 수학 교육을 통해 60이 1에서 6까지 정수의 최소공배수임을 배우고 있다. 복잡한 계산에 적용하기엔 너무 오래 걸리는 단점 때문에 과학에서는 60진법을 차츰 사용하지 않게 되었다. 브뤼허Bruges 출신의 수학자 시몬 스테빈Simon Stevin (1586년 경)은 수 계산법의 선구자다. 이후 기차는 늘 정각에 도착했다. 얘기인즉슨 그렇다. 단, 누군가 새로운 썰을 내놓기 전까지….

계산기와 전화기의 키패드는 왜 다르게 만들었을까?

061

전화기의 키패드는 이렇게 생겼구나.

이번엔 계산기도 한번 확인해 봐야겠다.

스마트폰의 경우엔 더욱 놀랍다. 통화와 계산, 두 기능 중 어느 것을 쓰느냐에 따라 키패드가 다르다. 자판을 주로 애용하는 이들 입장에서는 통화 도중에 덧셈(+) 버튼을 누르려다 잠시 멈칫하게 되는 상황만큼 짜증 나는 일도 없다. 실제로 그렇긴 하다. 7을 누른다는 게 1이 눌러지고, 6을 누르면 6이 눌러지니까. 가만히 보니, 윗줄과 아랫줄만 서로 바뀌었군. '그들'이 키패드의 방향까지 바꿀 정도로 영악하지는 않았다. 불행 중 다행이다. 하지만 시스템 장애를 우려한 통신사 측의 예방 조치라는 음모론도 나왔다. 키패드를 너무 빨리 누르는 일부 스마트폰 이용자들 때문이다. 여기서 '그들'이라고 얼버무린 것은 정확한 증거도 없이 함부로 음모론을 주장하는 일부 지나친 사람들이 있기 때문이다.

사실대로 말하는 편이 나을 것 같다. 진실은 다른 곳에 있었다.

처음에는 기계식 계산기만 있었다. 처음엔 자판도 숫자가 아래부터 시작되는 마트의 계산대를 보고 착안했다. 그렇다면 전화기를 만든 사람들은 왜 키패드의 배열을 다르게 했을까? 그들은 기존의 키패드에 딱 한 가지 요소, 즉 알파벳 문자를 추가했다. 각각의 숫자와 알파벳 세 개로 된 문자 세트가 키 하나에 동거한다. (가령, 2는 ABC와 함께 하나의 키를 이룬다. 단, WXYZ와 공존하는 9는 제외하고) 이러한 원리에 따라 좌측 상단부터 숫자와 문자가 배열되기 시작한 것이다. 마치 글을 쓰듯.

얘기인즉슨 그렇다. 단, 누군가 새로운 썰을 내놓기 전까지….

요리사들은 왜 요리사 모자를 쓸까?

062

주방에서 또는 통조림 광고와 같은 의외의 곳에서 가끔씩 보이는 이것. 바로 요리사의 모자다. 꽤 이름이 알려진 요리사는 모자의 바깥쪽에 이름을 수놓기도 한다. 별로 알려지지 않은 요리사들은 안쪽에. 그런데 대개는 요리사의 부인들이 직접 해 준 것이라 한다.

본론으로 들어가 보자. 요리사들이 머리에 무엇인가를 쓰는 것은 찬성한다. 수프를 졸이다가 땀에 젖은 머리카락을 빠뜨릴 수도 있으니. 요리사 모자를 쓰는 것 역시 찬성한다. 식당의 종업원들과 구별되어야 할 테니.

그렇지만 요리사의 모자는 왜 그토록 높이 솟은 걸까? 불편하게시리. 게다가 왜 흰색일까? 더러워지기 쉬운데. 왜 파나마 햇이나 야구 모자, 솜브레로는 안 되는 걸까?

17세기 무렵까지 프랑스에서는 요리사들의 서열에 따라 서로 다른 크기와 색상의 머리쓰개(이럴 때 쓰는 말이다.)를 사용했다. 그러나 앙또넹 까렘Antonin Carême은 이러한 다양함을 무질서로 여겼다. 까렘은 단 한 가지 색과 모양의 머리쓰개만을 선호했다. 1784년에 태어난 까렘은 처음엔 제빵사로 출발했다. 최초로 '셰프chef'라 불린 장본인이다. 그는 '유럽 전체를 식탁에 올려 놓으라.'는 나폴레옹 1세의 명을 받은 재상 딸레랑Talleyrand 밑에서 일했다. 딸레랑은 까렘을 매우 아끼며 적극 지원했다. 덕분에 까렘은 고급 허브를 사용하고, 보다 훌륭한 소스를 만들기 위한 요리 연구에 몰입할 수 있었다.

이후 유럽 여러 나라의 궁궐 요리사로 초빙되었다. 오스트리아에서 찰스 스튜어트Charles Stewart 경을 모실 때(1821년)의 일이다. 까렘은 기존의 면 소재의 흰색 모자는 더 이상 쓰고 싶지 않았다. 너무 부드러워 형식미가 부족하고 셰프의 권위를 살려 주지 못했기 때문이다. (솔직히 피사의 사탑이라기보다는 스머프의 모자에 더 가까웠다!) 그래서 요리사 모자를 새로 정하게 되었다. 모자 안에 두꺼운 종이를 단단하게 대어 근엄하게 솟아오르게 했다. 왜 그랬을까? 주방의 열기로 땀에 젖는 머리에 바람이 잘 통하게 하기 위해서였다. 오늘날에는 종이 대신 풀을 먹여 사용하지만, 원리는 같다. 얘기인즉슨 그렇다. 단, 누군가 새로운 썰을 내놓기 전까지….

왜 프랑스에서는 오식을 '꼬끼으'라고 할까?

063

전날 신문을 훑어보다가 뒤늦게 오식誤植을 찾아낸 기억을 되살려 보자. 전날의 오식에 대한 신문사 측의 사과는 언제나 그 다음날에야 나오기 마련이다. 〈정정〉이라는 제목 아래 판에 박힌 문구가 눈에 띈다. "(…)를 다룬 본지 어제 기사에 공교롭게도 오식이 있어 이해에 불편을 끼쳐 드린 점(…)" 그리곤 비슷한 글자 하나 때문에 엄청난 실수가 빚어진 우스꽝스러운 사례에 대한 소개가 이어진다.

예컨대, 앤드류 왕자가 아닌 찰스 왕자가 태어난 그날 저녁, AFP 통신원이 감격에 겨운 나머지 그만 〈영국 여왕이 아들garçon을 낳았다.〉가 아닌 〈영국 여왕이 잉어gardon를 낳았다.〉라는 제목으로 기사를 내보냈다.35 최근에는 지방 일간지 「쉬되스트Sud-Ouest」가 다음과 같은 정정 보도를 냈다. "정정: 지난 호까지의 〈정정〉 코너의 제목을 〈정오표〉로 수정함."
참 잘한 일이다! 정확할수록 좋은 법이니까.
그런데 이 오식이란 것이 참으로 흥미롭다. 왜 '꼬끼으coquille'36라 부르는 걸까? 혹시 가리비나 호두와 어떤 관계가 있나? 골키퍼의 은밀한 부위를 보호해 주는 장비와는?
종이 한 장과 지우개와 연필을 준비하자.

35 불어에서 아들garçon과 잉어gardon의 철자가 비슷하기 때문에 발생한 오류다.

36 가리비 조개뿐만 아니라, 견과류의 껍질, 스포츠 국부 보호대를 뜻하기도 한다.

종이에 'COQUILLE(꼬끼으)'라고 적은 다음 'Q'를 지운다.
이른바 '신문의 황금기'에는 인쇄 노동자들이 가장 즐겨 쓰면서 동시에 가장 아슬아슬한 농담이기도 했다.[37] 문서 편집기가 발명되기 훨씬 이전의 이야기다. 하지만 시대는 변했고 컴퓨터로 처리되면서, 오식도 거의 사라졌다. 얘기인즉슨 그렇다. 단, 누군가 새로운 썰을 내놓기 전까지….

37 불어로 'couille(꾸이으)'는 고환 혹은 실수를 의미한다.

왜 사랑니가 날 자리는 없을까?

064

사랑니는 구강 안쪽에 나는 큰어금니로, 이론상으론 고양이 다리처럼 네 개가 난다. 좌우 구강의 위와 아래에 각각 한 개씩 난다. '이론 상'이라고 말한 것은 네 개 이상 또는 그 이하일 수 있기 때문이다.

보통 18세~24세 사이에 나는 치아인데, 아마도 그래서인지, 붙여진 이름도 '사랑니'다. 그런데 정작 젊은이들은 사랑니를 끔찍하게 여긴다. 사랑니를 뽑을 때 불쾌감과 심한 통증을 수반하기 때문이다. 그런데 사랑니가 날 자리가 없는 진정한 이유는 뭘까? 바로 사랑니가 나는 시기 때문이다.

영구치는 이미 십여 년 전에 자리를 잡은 반면, 사랑니는 갑자기 난다. 잘 관리된 영구치는 잇몸의 모든 자리를 차지한다. 그러나 이는 인류가 진화하는 과정에서 가장 최근에 일어난 현상이다.

실제로 아득한 옛날에는 치아의 수명이 매우 짧았다. 썩고 상하여 대개는 몇 년 만에 빠지곤 했다. 따라서 치아가 새로 나서 나쁠 게 없었다! 다만 현대인에 비해 평균 수명이 짧았다는 사실을 제외하면. 크로마뇽인 시대의 40세는 오늘날의 80세 노인에 해당하기 때문이다.

팔방미인이었던 레오나르도 다빈치는 역사상 최초로 치아와 턱뼈를 정확하게 그려 냈다.

하지만 루이 14세 시대에 이르러서야 비로소 정식으로 의사 자격을 갖춘 치과 의사가 등장한다. 그 시절의 돌팔이들은 거침이 없었다.

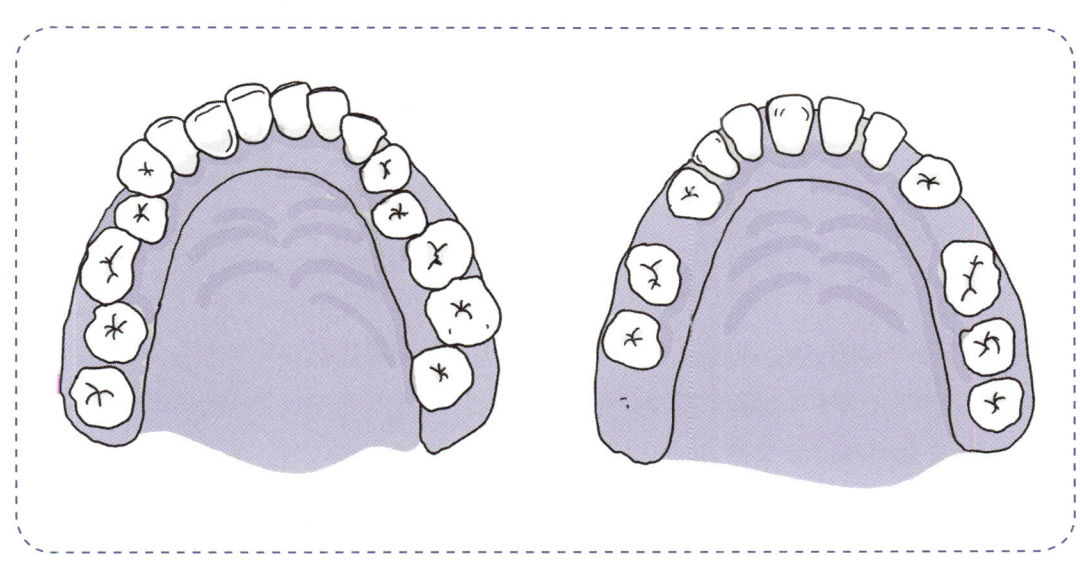

이들의 치료법은 주로 발치拔齒였다. 그래서 치아가 별로 남지 않게 되자, 결국 사랑니가 나올 자리가 넉넉해졌다.

오늘날에는 평균 수명이 연장되어 사랑니가 나는 나이도 점점 늦어지는 경향이 있다. 하물며 60세에 나는 경우도 있다. 하지만 대개는 치료를 잘 받고 있으니, 사랑니가 반가울 리가 없다.

저런, 남은 자리가 없네요! 얘기인즉슨 그렇다. 단, 누군가 새로운 썰을 내놓기 전까지….

프랑스의 담배 가게 간판은 왜 붉은 마름모꼴일까?

065

프랑스에서는 거리를 걷다 보면 흔히 보이는 것이 하나 있다. 선홍색의 깔때기 두 개를 붙여 놓은 마름모꼴 간판으로, 담배 가게마다 반드시 걸려 있다. 소매상이나 애연가들은 이를 까로뜨carotte[38]라 부른다. 그런데 어째서 마름모꼴인가? 담배 가게 간판과 담배 사이에 어떤 관계가 있기에? 담배 가게 간판 하나가 담배가 절실한 애연가들로 하여금 순순히 지갑을 열게 만든다는 생각은 하지 말자. 필자는 비록 비흡연자이긴 하지만, 이번 장에서는 가능한 담담한 태도를 유지할 것이다.

19세기 유럽에서 담배 판매는 그야말로 수지맞는 장사였다. 당시에는 20개비가 든 빳빳한 갑은 없었고, 담뱃잎을 잘게 빻아서 담뱃가루를 낸 다음 길게 말아서 팔았다. 흡연자들은 구입한 즉시 흡입하곤 했다.

몰리에르Molière는 『돈 주앙Don Juan』에서 하인 스가나렐Sganarelle의 목소리를 빌어 담배를 예찬한다. 스가나렐은 이렇게 외친다. "담배를 가까이 하지 않는 사람은 숨은 쉬어도 살아 있다고 볼 수 없죠! 담배는 머리를 맑게 해 주고, 코담뱃갑 하나를 돌려 가며 맡다 보면 서로 정중해지니까요." 그건 그렇다 치고, 그렇다면 오늘날의 담배 가게 간판은 어쩌다 마름모꼴이

---

[38] 원래는 당근을 뜻하지만, 담배 가게 간판을 가리키는 단어이기도 하다.

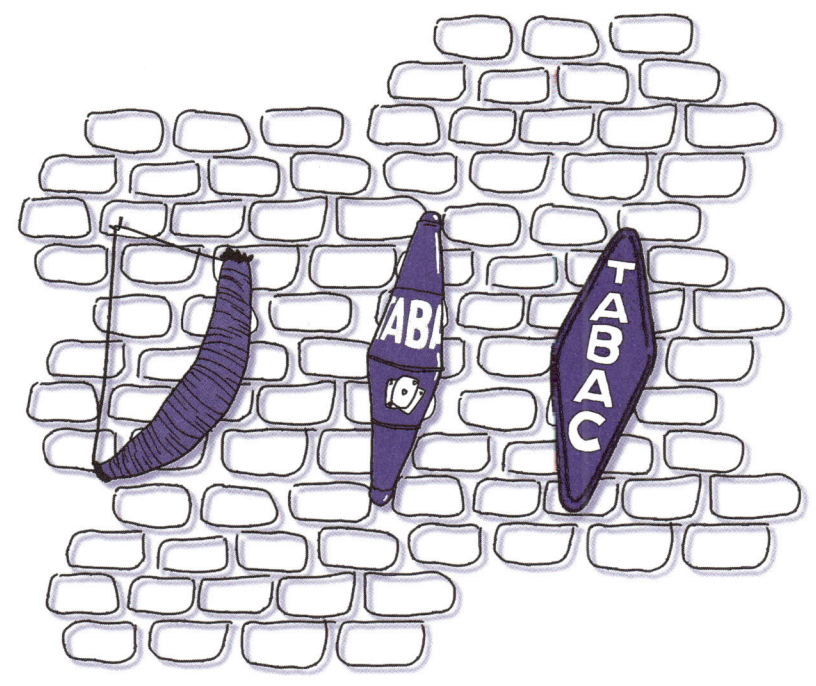

되었을까? 처음 담배를 취급한 것은 식료품상과 약사들이었다. 이들은 까페 주인들보다 훨씬 전부터 담배를 팔기 시작했다. 돌돌 말아서 피우는 담배의 모양이 마치 당근과 닮은꼴인 점에 착안하여, 정원에서 갓 딴 싱싱한 당근을 가게에 걸어 두고 애연가들의 주의를 끌었다. 또한, 상자 안에 담배와 당근을 함께 넣어 두면 담배가 촉촉해진다는 사실도 강조했다. 이후, 당근 모양으로 디자인 된 간판은 점점 더 그럴듯한 모양새를 띠어 갔다. 영리한 상인들은 발 빠르게 움직여, 더 크고, 더 진한 주황색을 띠는 가짜 당근을 만들었는데, 이는 당연히 매출 증대에 효과적인 전략이었다. 게다가 간판 내부에는 네온을 설치하여 꽤 멀리서도 눈에 잘 띄도록 했다. 그러다가 마침내 '당근'이 건강을 심각하게 해치는 초유의 사태가 발생하기에 이른 것이다. 얘기인즉슨 그렇다. 단, 누군가 새로운 썰을 내놓기 전까지….

프랑스인들은
공연의 흥행을 빌 때
왜 '똥'이라는 단어를 쓸까?

066

"그렉, 오늘 똥 많이 밟아!"

프랑스의 공영 방송 TF1의 공식 사이트 가운데 「라페름 셀레브리떼La ferme célébrités」[39] 페이지에서 나올 법한 표현이다. 예전에 「그렉 르밀리오네르Greg le Millionnaire」[40]를 진행한 그레고리 바쏘Grégory Basso에게 한 말이다. (20년 후에 우연히 이 책을 읽다가 '유명인'이라기에는 너무 유명하지 않은 이 그렉이 누구인지 궁금할 독자들을 위해 덧붙인다.) 설령 행운을 비는 취지에서 하는 말이라도, 이런 심한 표현을 쓰는 이유에는 부연 설명이 필요해 보인다. 이 표현은 처음엔 연극에서만 사용되다가, 점차 공연 예술과 스포츠에서도 널리 쓰이게 되었다.

다음 페이지의 그림을 보면서 이야기해 보자. 극장 앞에는 사륜마차와 말들이 빼곡히 들어차 있다.

---

[39] TF1에서 2004년부터 2010년까지 방영된 리얼리티 프로그램이다. 15명 가량의 유명인들이 고립무원의 자연 환경 속에서 6주간 공동 생활을 하면서 겪게 되는 이모저모가 담겼다.

[40] TF1에서 2003년에 방영된 리얼리티 프로그램이다. 지중해에 위치한 스페인령 이비사 섬의 초호화 저택을 무대로, 백만장자를 가장하는 한 남자에게 20명의 여성 출연자들이 구애하는 과정에서 생기는 흥미진진한 에피소드와 그레고리 바쏘의 진행으로 많은 인기를 얻은 프로그램이다.

극장 앞에 우아한 커플이 서 있다. 여자는 긴 드레스를 입고, 남자는 실크해트를 썼다. 텔레비전과 자동차가 없던 19세기에는 저녁마다 극장 주변에 부르주아들의 사륜마차 행렬이 길게 늘어서곤 했다. 공연을 관람하러 온 주인을 기다리고 있는 마차들이었다. 그런데 극장 주변에서는 어느새 말똥 냄새가 진동하곤 했다. 때와 장소를 가리지 않고 용변을 보는 말 때문이다. 공연의 인기가 높을수록 냄새는 더욱 심해졌다! 이리하여 연극이나 오페라 공연을 올리는 극장 주인에게 '똥'을 빌어 주는 문화까지 생겨난 것이다. 당연히 극장 밖에서, 무대 위는 아니고. 얘기인즉슨 그렇다 단, 누군가 새로운 썰을 내놓기 전까지….

캥거루는 왜 껑충껑충 뛰는 걸까?

067

캥거루는 체격 면에서 우리 인간과 비슷하다. 유대류有袋類에 속하는 캥거루의 키는 1.8m에 몸무게는 약 85kg 나간다.

사람의 높이뛰기 세계 기록은 2.45m에 달한다. 미국의 멀리뛰기 선수 마이크 파웰Mike Powell이 도움닫기를 20m 뛰어 8.95m에 착지했다. 하지만 '비교 가능한 것끼리 비교하라.'는 옛말도 있지 않던가! 파웰과 체격이 같은 캥거루라면 멀리뛰기는 평균 9m, 높이뛰기는 평균 3m 정도는 가뿐히 기록할 것이다! 세계 기록 보유자도 아닌데!

하지만 어떻게 가능할까? 여러분도 알다시피 캥거루는 이동할 때 달리지 않고 껑충껑충 뛴다. 껑충껑충 뛰는 이유는 무엇이며 또한 어떻게 높이 뛰어오를 수 있을까? 겉보기와 달리, 캥거루가 껑충껑충 뛰는 것은 평균 속도를 유지하면서 에너지 소모를 최소화할 수 있는 이동 방법이기 때문이다.

(캥거루의 뒷발은 언제나 나란히 움직이므로, 두 뒷발을 각각 떼어놓으며 걷는 것은 불가능하다. 따라서 껑충껑충 뛰는 것말고는 다른 방도가 없다.)

예컨대, 사람과는 달리 캥거루는 근육이 단지 힘을 내는 것만은 아니다. 물론 힘을 내기는 하지만, 캥거루의 근육은 도약 후 착지의 충격을 완화하는 역할만 한다.

말하자면, 캥거루가 힘을 얻는 것은 다음 도약을 준비할 때다. 그 이유는 다음과 같다.

캥거루의 뒷발은 트램펄린의 작동 원리와 비슷하여, 도약 에너지는 다음 도약에 재활용된다. 그런데 뒷발에는 마치 용수철처럼 움직이는 힘줄이 있어, 도약 에너지는 캥거루가 착지할 때 축적되었다가, 다시 뛰어오를 때 방출된다. 또한, 캥거루의 발에는 모양이 특별하고 지렛대처럼 작용하는 뼈(일명 '발꿈치뼈'라 부른다.)가 있는데, 발의 앞쪽으로 힘이 실리는 순간 힘줄은 긴장되고 앞발과 뒷발이 서로 모아진다. 이어서 다시 뛰어오르는 순간 에너지가 방출되는 것이다. 아이러니하게도 캥거루는 여유있게 먹이를 찾으러 다닐 때보다 최대 속력으로 달릴 때, 오히려 에너지가 덜 소모된다는 결론에 이른다. 얘기인즉슨 그렇다. 단, 누군가 새로운 썰을 내놓기 전까지….

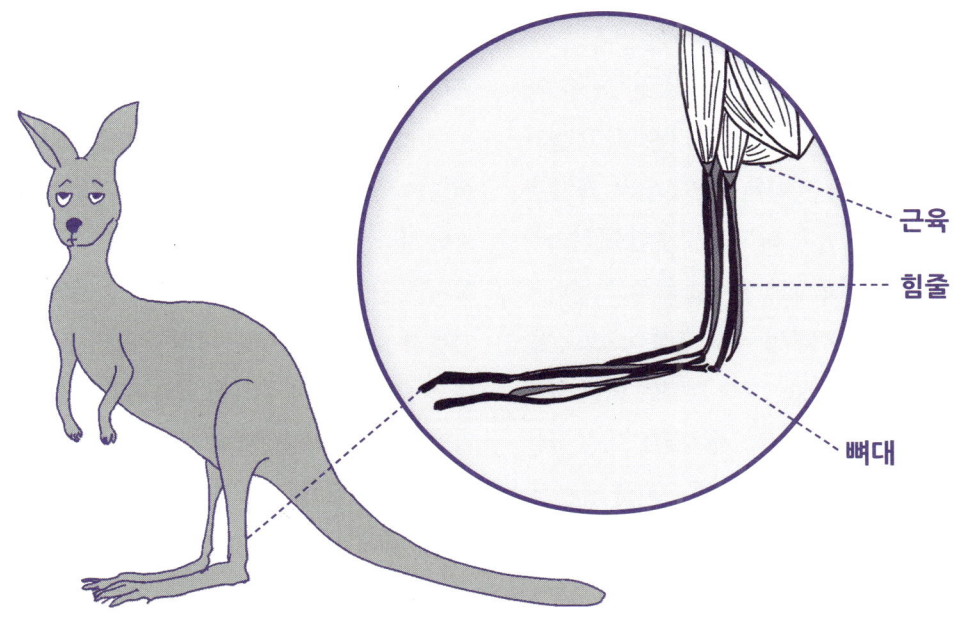

꿀벌은 왜 먹이 주위를 맴돌기만 하고 건드리지 않을까?

일광욕을 즐기며 가볍게 칵테일을 한 잔 마시고 있는데, 느닷없이 벌 한 마리가 날아들어 산통을 깨 버린다. 녀석은 술잔 주위를 빙글빙글 돌며 살피기만 할 뿐 건드리지는 않는다.

여름철에 흔히 겪는 일이다. 녀석은 이래저래 불청객이다. 벌에 쏘일까 두렵기도 하고 성가시기도 하다. 조금만 배를 채우곤 금세 가 주면 좋겠지만, 빙빙 돌다 어디론가 홀연히 사라지는가 싶더니, 잠시 후에 친구들을 몰고 돌아온다. 벌은 군집을 이루며 매우 조직적으로 생활한다. 구성원들 간에는 특히 연령에 따른 역할 분담이 분명하다. "방 청소 좀 해라!" 어린 꿀벌은 벌집 생활에 참여하기 전에 고치를 닦는 일부터 한다. "동생들을 잘 돌봐라!" 벌집을 환기시키거나 애벌레를 돌보기도 한다.

꿀벌의 일생 중 후반기가 되어서야 비로소 밖에 나갈 수 있는 기회가 주어진다. 그러나 일벌에게 주어지는 시간은 불과 며칠에서 몇 주 정도다. 주로 벌집에 먹이를 가져오는 임무를 맡는 일벌은 자연스레 꽃을 향해 가면서도 다른 괜찮은 먹잇감도 탐색한다. 가령, 테이블 위에 놓인 사과 파이 같은 것 말이다.

하지만 꿀벌은 덥석 달려들어 순식간에 먹어 치우지 않고, 처음에는 그저 관찰만 한다. 세부 사항에 일일이 주의를 기울이고 가는 길을 기억한다. 소위 '정찰벌'이라는 녀석들이다. 꿀벌의 의사소통 방식은 매우 경이롭다. 그들은 GPS만큼이나 위치를 정확하게 전달한다.

앞서 언급한 정찰벌 이야기로 돌아가자. 먹이 주위를 맴돌며 날다가 일단 좌표가 정해지면, 벌집으로 돌아가 다른 벌들에게 '정확한' 지도를 전달한다. 이때 모든 것을 '춤'으로 표현한다. 먹이가 있는 지점과 벌집 간의 거리가 20m 미만이라면, 원을 그리며 춤을 춘다. 반면, 먹이가 멀리 떨어진 곳에 있는 경우엔 좀 더 복잡한 방식으로 표현된다.

8자 비행으로 모든 정보를 전달하기 때문이다. 우선은 방향을 달리하며, 해를 향해 가야 하는지 또는 해를 등지고 가야 하는지를 보여 준다. 이어서, 태양과의 각도(가령, 80도와 같이)를 표현하기 위해 기울기를 달리하면서 난다. 먹이까지의 거리는 비행 속도로 표현한다. 즉, 멀리 떨어져 있을수록 느리게 난다. 꿀벌 30,000마리는 하루에 2,100만 개의 꽃을 찾아낸다. 즉, 한 마리가 700개에 가까운 꽃을 찾아내는 셈이다. 그러니 여러분이 즐기고 있는 달콤한 칵테일 주위로 꿀벌 한 마리쯤 날아들 법하지 않겠는가! 얘기인즉슨 그렇다. 단, 누군가 새로운 썰을 내놓기 전까지….

커튼은 왜 빛을 한 방향으로만 통과시킬까?

낮에는 안에서 밖이 보이지만, 밖에서는 안을 볼 수 없다. 반면, 밤에 불을 켜면 안이 훤히 들여다보인다.

낮에는 커튼을 치는 것이 효과적인 반면, 집안에 불을 켜는 밤에는 그렇지 못한 이유는 무엇일까? 커튼 감의 특성 때문일까?

아무리 커튼 감을 달리해도 결과는 마찬가지다. 커튼 제작업체가 알면 좀 서운하겠지만, 솔직히 커튼 때문에 일어나는 현상은 아니다.

이때, 다소 비치는 소재의 커튼으로 안팎이 구분되어야 하며, 특히 두 곳의 밝기는 극명한 대조를 이루어야 한다.

모든 것은 반사의 문제다. 낮 동안에는 커튼이 빛을 통과시키지만 밖에서 안을 볼 수 없다. 안이 바깥보다 어둡기 때문이다. 바깥에서 들어온 빛의 일부는 커튼에 반사되지만, 이 빛이 상대적으로 더 강렬하므로 안에 있던 빛을 밀치고 들어앉는다.

반면, 밤이 되어 집안에 불을 켜면 반대의 결과가 나타난다. 불빛이 커튼에 반사되어 밖이 잘 보이지 않기 때문이다.

여기서 배울 점 하나. 빛은 양방향으로 잘 통하지만, 누군가를 몰래 엿보고 싶다면 어두운 곳에 몸을 숨겨야 한다.

얘기인즉슨 그렇다. 단, 누군가 새로운 썰을 내놓기 전까지….

컴퓨터의 오류를 가리켜 왜 '버그'라고 할까?

070

영어로 '버그bug'가 벌레를 뜻함을 알고 있는 독자라면, 필자가 지금부터 하려는 이야기를 듣기도 전에 버럭 화부터 낼지도 모르겠다. 필자가 잠시 말을 멈추어야 할 만큼.
"아니, 대체 벌레와 무슨 상관이 있기에?"
1950년대 미국의 어느 실험실. 한 여성 연구원이 '에니악Eniac'이라는 이름의 전자계산기로 작업하고 있었다. 에니악은 초기 컴퓨터 공학 기술의 비밀을 간직한 거대한 기계다. 무게는 30t 이상인데다, 72㎡의 공간을 차지했다!
그러던 어느 날, 에니악이 멈춰 버렸다. 에니악의 요란한 소음이 멎자, 무거운 정적이 흘렀다. 무슨 일이 일어난 걸까? 그레이스 호퍼Grace Hopper[41]는 일기에 다음과 같이 기록했다. "벌레 한 마리가 컴퓨터의 덫에 걸렸다!" 호퍼는 컴퓨터 사용 중에 문제가 발생할 때마다 '벌레를 찾는다.'고 말하곤 했다.

멋진 이야기다. 하지만 1903년, 우리가 싫어하는 벌레와 같은 또 다른 '버그'의 흔적이 발견되었다. 이는 새로운 모르스 부호 전송기에서 발견되었다. 혁신적이지만 사용하기에는 대단히 복잡한 바이브로플렉스Vibroplex였다. 전선에 문제가 자주 발생하는 바람에 바이브로플렉스는 오작동의 상징이 되었다.

---

41 미국의 컴퓨터 과학자이자 미국 최초의 여성 해군 제독. 프로그래밍 언어 코볼의 개발을 주도하였다.

흥미로운 이야기다. 그러나 이번에도 확실치는 않은 듯 하다. 토마스 에디슨이 자신의 실험 노트에서 이 용어를 직접 사용했기 때문이다. 니어마이어 호킨스Nehemiah Hawkins의 『전기에 관한 새로운 해설서New Catechism of Electricity』(1896년)라는 사전에서도 다음과 같은 정의를 발견할 수 있다. "버그는 전기 기기의 작동에 관한 오류 일체를 가리키는 용어다!"

이상, 지금까지 조그마한 벌레 한 마리를 잡는 일에 관해 이야기했다. 그런데 벌레는 늘 새로운 녀석들이 등장하기 마련이다.

얘기인즉슨 그렇다.

단, 누군가 새로운 썰을 내놓기 전까지….

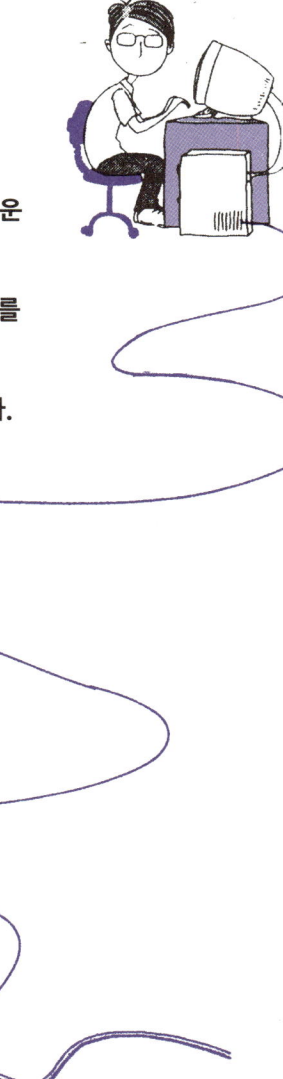

괘종시계는 왜 4시를 'IV'로 표기하지 않을까?

071

혹시 할머니 댁에 낡은 뻐꾸기시계가 있다면, 한번 유심히 관찰해 보길 바란다. 시간이 로마 숫자로 표시되어 있다. I 다음에 II, II 다음에 III, 그 다음에 IIII. 그런데 IIII? 이건 뭐지?
4시에 대한 음모론을 펼치려는 것은 결코 아니다! 특히 프랑슈콩테Franche-comté식 대형 괘종시계에서는 'V에서 I을 뺀' IV보다 IIII로 표기하는 쪽을 선호한다. (원래대로의 로마식 숫자 표기법이 옳다.)
처음 보는 이는 깜짝 놀랄 수 있다. 온통 막대뿐이어서 하물며 시계를 잘못 읽을 위험마저 있다. 그러나 이것이 훨씬 더 명확한 표기법이다. 오른쪽 그림에서 양쪽 뻐꾸기시계의 시판時版을 살펴보자.

숫자의 머리가 아래를 향하고 있다는 점을 감안한다면, 20분의 위치에 있는 I 네 개로 표기하는 편이 IV보다 더 분명하다. 자칫 VI으로 잘못 읽힐 위험이 있으므로.
한편, 오른쪽의 시판이 왼쪽보다 더 균형 잡혀 보인다. 오른쪽에서 IIII의 네 글자는 VIII의 네 글자와 짝을 이룬다. 또한 주목할 만한 것은 이를 가리켜 '시계 장인의 4'라고 부른다는 것 그리고 빅벤에는 IIII로 표기하지 않았다는 것이다.
그러니 영국인들은 무엇을 해도 평범하지 않다는 결론에 이르게 된다. 더욱이 그들은 좌측통행을 하고 있지 않은가!
얘기인즉슨 그렇다. 단, 누군가 새로운 썰을 내놓기 전까지….

기러기는 왜 'V'자 대형으로 비행할까?

무리를 지어 날아가는 철새들을 보라. 이 얼마나 아름답고 장대한 한 편의 다큐멘터리 영화인가! 사진에 멋있게 찍히고 싶어서 일부러 편대 비행을 한다는 착각이 들 정도다! 설마 사냥꾼의 눈에 띄려는 건 아닐 텐데? 혹시 에어쇼에 참가한 프랑스 공군과 경쟁하려는 걸까?

과학자들은 기러기의 독특한 V자 비행에 관하여 수없이 많은 주장을 펴고 열띤 토론에 참여하는 한편, 연구 결과도 꾸준히 내놓았다. 그리하여 이윽고 이 천재적인 생명체의 위대함이 세상에 드러났다.

기러기가 V자 비행을 할 수 있는 것은 항공술 즉, 공기 역학의 원리를 체득했기 때문이다. 기러기는 저항을 최소화하기 위해 양력揚力[42]을 최대화한다. 달리 말해, 가능한 오랫동안 활공하기 위해 공기 저항을 가능한 적게 받고자 한다.

전문가들이 이른바 '날개 끝 소용돌이'라 부르는 난기류가 날개의 끝부분에서 발생한다. 새에게 가해지는 압력을 변화시키는 이 나선형 기류 덕분에 새는 공기 중에 떠 있을 수 있고 비행의 수고를 줄일 수도 있다. 이같은 도움은 수천 킬로미터를 이동하는 동물들에게는 매우 중요하다.

---

[42] 유체 속을 운동하는 물체에 운동 방향과 수직 방향으로 작용하는 힘으로, 비행기는 날개에서 생기는 양력에 의해 날 수 있다.

V자 대형으로 비행함으로써 기러기들은 최소 70% 이상의 에너지를 확보하여 햇살이 가득 비치는 땅에 여유 있게 내려앉을 수 있다!

본래 선두에서 나는 새가 가장 힘들다. 따라서 기러기들이 대형을 열어 교대를 하며 서로 힘을 아껴 준다. 이는 마치 사이클 단체 경기에서, 개별 선수의 피로는 최소화하면서도 팀은 더욱 속력을 낼 수 있도록 선두 주자를 교대하는 것과 같다.

설명을 마치려는데 별안간 궁금한 것이 생겼다. 왜 하필이면 'V'자일까? 기러기들이 일렬종대가 아닌 V자 대형으로 나는 이유는 뭘까? 날개끼리 부딪히는 접촉 사고가 일어날 가능성이 매우 높기 때문이다. 단지 그뿐이다. 얘기인즉슨 그렇다. 단, 누군가 새로운 썰을 내놓기 전까지···.

사진을 찍을 때 플래시를 터뜨리면 왜 적목 현상이 일어날까?

073

오랜만에 조카의 유치원 졸업 사진을 보다가 깜짝 놀랐다. 사진 속 가족들의 눈이 죄다 토끼의 눈처럼 빨갛게 나왔기 때문이다. 몹시 흥분했거나 눈병에 걸려서가 아니다. 플래시 때문이다! 어떻게 된 일일까? 웬만큼 사진을 찍어 본 아마추어들이라면 주변이 어두워지면 플래시를 사용한다. 플래시는 바로 그럴 때 쓰라고 발명된 것이니, 안성맞춤이다.

그런데 사람의 눈은 빛이 희미한 환경에도 쉽게 적응한다. 사진기는 더 많은 조명을 필요로 하지만, 사람은 완전하게 본다. 바로 이러한 적응성 때문에 사진에서 신기한 현상이 일어난다. 어두워지면 망막에 더 많은 빛이 들어오도록 하기 위해 홍채가 무의식중에 조리개처럼 열린다. 다시 말해, 눈 중앙부의 검은 구멍인 동공이 확장되고, 카메라의 렌즈처럼 작용하는 수정체가 점차 드러난다.

그런데 수정체는 플래시의 불빛을 반사하면 붉게 보인다. 이는 흡수 또는 반사되는 파장의 길이의 문제다. 그래서 적목 현상이 일어나는 것이다. 안타깝게도…. 하지만 염려하지 않아도 된다. 카메라 제조사가 적목 현상을 유익한 방향으로 활용한 결과, 적목 방지 카메라가 등장했으니.

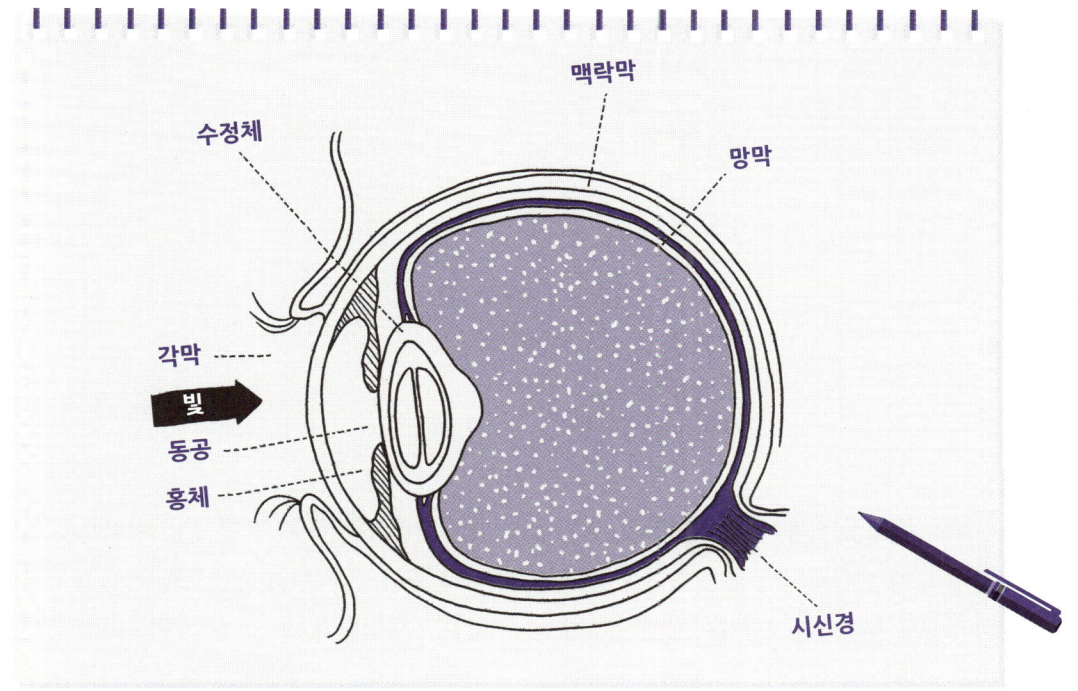

사진을 찍기 직전에 플래시를 스트로보 스코프stroboscope[43] 방식으로 내보내면, 다량으로 유입되는 빛에 눈이 자동으로 반응한다. 그리곤 홍채가 닫히고 동공이 수축된다. 그야말로 눈 깜짝할 사이에 수정체가 가려지면서 우리의 모습이 사진으로 찍히는 것이다. 아하, 그렇구나! 그러나 적목 방지 카메라로 찍은 사진에서 굳이 빨간 눈이 보고 싶다면 토끼를 찍는 것도 방법일 듯. 얘기인즉슨 그렇다. 단, 누군가 새로운 썰을 내놓기 전까지….

43 적목 현상을 예방하기 위한 장치다. 실제 촬영에 앞서 스트로보 라이트가 짧은 빛을 몇 번 터트려 어둠에 익숙해진 동공이 수축되도록 유도하는 예비 발광 기구다.

'부활절' 하면 왜 달걀이 연상될까?

074

여러분은 부활절 전통 가운데 하나인 '정원에 숨겨 둔 달걀 찾아내기'와 같은 놀이를 별로 좋아하지 않을 수 있다. 그럼에도 매해 돌아오는 부활절이 기다려지는 이유는 뭘까? 왜 부활절에는 작은 꽃이나 도자기 미니어처가 아닌, 달걀이 생각날까?

모든 것은 종 이야기에서 시작된다.

중세부터 전해 오는 이야기에 따르면, 나라에서 부활절 직전의 목요일부터 토요일까지는 교회의 종을 일절 울리지 못하게 금지했다. 종을 울릴 수 없게 되자, 종지기들은 교황을 만나기 위해 로마를 향해 떠났다. 교황을 만나 고해성사를 하고 축성을 받은 종지기들은 다시 종을 울리기 위해 고향으로 되돌아왔다. 그런데 그들이 귀향길에 가지고 온 것이 바로 달걀이었다고 한다. 그리하여 '부활절에는 달걀'이라는 문화가 태어났다.

그런데 종지기들은 어째서 달걀을 가지고 돌아왔을까? 필자가 어릴 적부터 들어 온 이야기에 따르면, 가장 손쉽게 만들 수 있기 때문에 초콜릿 장인이 달걀 모양의 초콜릿을 만들게 되었다고 한다. 한편, SF 소설에나 나올 법한 전설처럼 멋진 이야기가 있다! 시간을 거슬러 올라가 보자. 바야흐로 1519년, 멕시코의 아스테카 왕국을 정복한 페르디난드 코르테스Ferdinand Cortes가 카카오 가루를 에스파냐로 가져온 것은 그보다 더 나중의 일이다. 따라서 당시의 부활절 달걀은 달걀 모양의 초콜릿이 아닌,

(암탉이 낳은) 진짜 달걀이었다. 부활절 달걀은 훨씬 더 오래된 전통이다.

부활절은 그리스도의 부활을 기념하는 기독교 축일이다. 니케아 공의회(325년)에서 춘분 또는 춘분으로부터 보름이 지난 첫째 일요일이 부활절로 지정되었다. 부활절은 해마다 유동적이어서, 3월 22일에서 4월 25일 사이가 된다. 반면 사순절四旬節의 첫날인 이른바 '재의 수요일'로부터 40일간의 금욕 기간이 끝나는 날이 부활절이라는 사실에는 변함이 없다. 사순절 동안 가톨릭 신자들은 고기와 달걀을 삼간다.

반면, 암탉은 사순절 내내 알을 낳으므로 달걀은 점점 쌓여만 간다. 그러다 보면 사순절 초기에 낳은 달걀들은 그냥 썩지만, 부활절 당일에는 제법 먹을 만한 달걀이 많이 남곤 했다. 그 많은 달걀은 어떻게 다 소비했을까? 온 가족이 충분히 먹고도 남게 되자, 이웃들에게도 달걀을 두루 나누어 주었다. 이렇게 해서 부활절은 진정한 의미를 되살린 축일이 되었다.

이러한 부활절 문화는 19세기를 거치면서 점차 상업화되어, 오늘날에는 제과점에서 초콜릿으로 만든 달걀을 팔고 있다. 이제는 돈을 주고 사야 하지만, 발상의 전환이라 볼 수도 있다.

얘기인즉슨 그렇다. 단, 누군가 새로운 썰을 내놓기 전까지….

사막여우의 귀는 왜 일반 여우의 귀보다 클까?

075

더운 지역에 사는 여우가 춥거나 온화한 지역에 사는 여우보다 귀가 더 크다. 컬러판 백과사전을 뒤적이다 보면 이런 차이가 확연히 느껴진다. 가뜩이나 지루해진 독자들이 읽으면 더욱 짜증이 날 만한 이야기도 하나 하겠다. 카빌리아 사막의 여우가 중부 유럽의 숲 지대에 사는 여우보다 소리를 더 잘 듣는 이유는 무엇일까?

아랍인들은 본래 아프리카 여우를 페넥fennec이라 불렀고, 지금도 여전히 그렇게 부른다. 페넥은 조약돌 두 개를 서로 비빌 때 나는 소리를 흉내낸 의성어다. 페넥의 귀는 크고 넓죽하며 쫑긋 섰다. 그래서 정면에서 보면 머리가 크다는 인상을 준다.

귀가 크다는 사실은 사막여우가 소리를 듣거나 열기로 데워진 몸을 식히는데는 별 도움이 되지 못한다. 섬세하고 촘촘한 망처럼 짜인 모세혈관으로부터 큰 외이로 혈액이 보내진다. 혈액 속의 열이 얇은 피부를 통해 일부 방출되는 것이다. 다량의 데워진 피가 덜 데워진 각질층으로 몰리는 이러한 현상을 가리켜 '대류 냉각'이라 한다. 이 원리는 동물학자와 난방기 개발자들에게는 이미 잘 알려져 있다.

사막여우는 낮 동안 햇빛을 피하는 습성이 있는데, 큰 귀가 있어 몸에 해로운 과다한 열을 방출할 수 있다. 밤에는 모든 여우가 똑같아 보인다. 얘기인즉슨 그렇다. 단, 누군가 새로운 썰을 내놓기 전까지….

라스타파리안들은 왜 레게머리를 할까?

076

유행의 선구자 밥 말리Bob Marley. 그 뒤를 이은 지미 클리프Jimmy Cliff, 레니 크라비츠Lenny Kravitz 그리고 야니크 노아Yannick Noah. 아마도 알렘 데지르Harlem Désir가 머지않아 그 뒤를 따르지 않을까 싶다. 마음 내키는대로, 손가락이 움직이는 대로 구불구불 땋은 머리를 '레게머리dreadlocks'라 한다. (불어로 옮긴다면 '공포감을 주는 머리카락mèches qui font peur' 정도가 되지 않을까 싶다.) 아니, 그런데 대체 누구에게 겁을 준다는 거지? 실은 미용사일 가능성이 가장 높아 보인다. 내가 애용하는 단골 미용실은 라스타파리안Rastafarian의 머리가 하도 더러워서 꺼린다고 한다. 그럼에도 저들은 개의치 않는다. 라스타파리안은 '레게머리'로 통하며 그 역도 마찬가지다. 그 둘은 동의어처럼 쓰인다. 왜 그럴까?

1세대 라스타파리안인 마커스 가비Marcus Garvey44는 머리를 짧게 자르고 다녔다. 1920년대에 그는 할렘Harlem에게 에티오피아로 돌아가라고 주장한다. 당시 에티오피아는 악에 맞서 최후의 전투를 치르고 있는 '살아 있는 신'이 다스리고 있었다. 이 살아 있는 신은 하일레 셀라시에Haile Selassie라는 이름으로 더 잘 알려진 라스 타파리Ras Tafari 황제였다. 당시 마커스 가비는 레게머리를 하고 있지는

44 1920년대 라스파타리안교의 전도사이자, 범아프리카주의 운동의 제창자다.

않았다. 사진 속 가비는 뿔 두 개가 그려진 허름한 제복 차림에다 마치 유배된 왕이라도 되는 양 포즈를 취하고 있다. 초기 라스타파리안들이 자메이카Jamaica에서 활동을 펼치는 것은 좀 더 나중의 일이다. 산악 지대에서 저항 세력으로 활동을 하던 초기 라스타파리안들은 오직 마리화나만이 성체라고 굳게 믿었다. 이들 흑인 히피족은 1940년대에 공동체를 이루어 살다가, 마침내 진정한 신, 즉 그들만의 고유한 의식과 규범 그리고 종교 세계를 만들어 냈다. 예로부터 라스타파리안은 모든 것을 성경에서 구하고자 했다. 라스 타파리의 신성함을 입증하는 경전에서는 마리화나를 경건한 마음으로 받들어 모셔야 할 성스러운 약초로 언급했다.

경전의 6장 5절은 머리를 빗지 말고 사자 갈기처럼 기르도록 주문하고 있다.
"신에게 헌신하려는 자는 사원에서 기도하는 동안 머리에 삭도削刀를 대지 마라. 신에 대한 맹세와 기도의 시간이 끝날 때까지, 신에게 모든 것을 맡기고 머리털이 자라게 그대로 두어라."
그리하여 어떤 이들은 머리를 길게 늘어뜨리기도 하고, 또 어떤 이들은 레게머리를 하고 다녔다. 연륜이 쌓인 지식인들은 이를 두고 다음과 같이 표현했다. "의인義人의 머리에는 그 어떠한 예리한 물체도 가까이 해서는 안 된다."
도시 빈민층들도 아프리카가 약속의 땅이라며, 특히 모세 5경의 엄격한 교리를 근간으로 하는 『구약 성서』를 읽으며 라스타파리안교를 신봉했다. 『구약 성서』의 「레위기」 21장은 '머리를 자르지 말고, 수염도 깎지 말 것이며, 몸에 칼을 대어 상처를 내지도 말라.'고 가르치고 있다.
그럼에도 여전히 궁금한 것이 있다. 헝클어진 머리카락을 애써 땋는 이유는 뭘까? 만일 장로들에게 묻는다면, 이런 답변이 돌아올지도 모르겠다. 거추장스럽지 않고 더 편하기 때문이라고. 어쨌든 이 문제에 관한 한 성경은 아무런 책임도 지지 않는다. 얘기인즉슨 그렇다. 단, 누군가 새로운 썰을 내놓기 전까지….

왜 갓난아기의 머리는 만지면 안 될까?

077

"아기의 머리를 만지지 마세요!" 소아과 의사와 초보 엄마, 초보 아빠가 이구동성으로 이렇게 외치는 소리를 들어본 적이 있을 것이다.
아기의 머리는 100번째 생일이 지난 체조 선수의 무릎보다도 취약하기 때문이다.
여러분도 알다시피 숫구멍이 문제다. 숫구멍은 정수리에서 좁고 무른 부위에 해당하는데, 이곳의 머리뼈들은 생후 15개월이 지나야 완전히 결합한다. 그전까지는 물렁한 섬유막으로 간신히 연결이 유지된다. 따라서 엄지손가락이나 심지어 프라이팬 손잡이 따위로 누르면 심각한 뇌손상이 일어난다. 왜 조물주는 인간을 이렇게 만들었을까? 머리뼈는 왜 넓적다리 뼈처럼 단단하게 만들지 않았을까? 어째서 신은 뇌처럼 중요한 기관을 방치해 둔 걸까?
실은 뇌를 보호하기 위해서다. 분만에는 일정 정도 물리적인 난관이 따르기 마련이며, 특히 질의 신축성에는 한계가 있다. 때문에 분만 과정에서 아기의 머리가 다소 찌그러질 가능성은 있지만, 뇌에 손상이 일어나지는 않는다. 두개골의 뼈는 비늘처럼 얽혀 있다가 태어나는 순간 서로 겹쳐진다. 그래서 아기의 머리가 산도를 쉽게 빠져나올 수 있는 것이다. 숫구멍의 유연한 머리뼈들이 한데 모아지면서 아기의 뇌가 보호되기 때문이다.
그러나 이 또한 일정한 시기가 되면 스스로 멈춘다. 망치질이 그러하듯. 얘기인즉슨 그렇다. 단, 누군가 새로운 썰을 내놓기 전까지….

숫구멍

파리의 근사한 건물들에는 왜 벽으로 막힌 창문이 많을까?

078

영화 속 이브 몽땅 Yves Montand이 그러했듯이, 여러분도 한 번쯤 그랑 불르바르 Grands Boulevards를 거닐어 보길 바란다. 그러나 건물의 위쪽을 올려다보는 순간 김이 샐지도 모른다. 멋진 오스만식 건물에 웬 가짜 창문들이 마치 진짜처럼 그럴듯하게 그려져 있으니. 포부르 생 앙투안 Faubourg Saint-Antoine처럼 서민적인 수수한 동네에선 창문의 유리가 죄다 노출되어 있어서 실망할 일도 없다.

그렇다면 어째서 부유한 동네에만 건물 외관의 멋을 해치는 현상이 있는 걸까?

실은 돈 때문이었다. 부자들에게는 돈이 늘 최대의 관심사이기에. 의도는 건물의 장식에 있지 않았다. 총재 정부[45] 시기에 비극은 시작되었다. 정부는 부동산세를 신설하고자 했지만, 미터법이 정착되지 않았던 탓에 토지의 면적을 계산할 방법이 없었다.

당시 의회는 영국의 '창문세 Window Tax'에서 힌트를 얻었다. 영국에서는 건물의 면적이 아닌, 창문의 개수에 따라 건물 소유주에게 세금을 물리고 있었다. 이는 세금 계산을 단순화했다.

[45] 공포정치를 끝낸 테르미도르의 반동이 일어난 1795년부터 나폴레옹의 쿠테타가 일어나기 전인 1799년까지의 정부. 행정부를 5명의 총재가 다스려 '총재 정부'라 불린다.

1798년 11월 24일, 마침내 프랑스에서도 문세와 창문세가 부과되기 시작했다. 그러자 담대한 부르주아들은 (또한 그렇지 못한 부르주아조차) 즉시 창문의 일부를 벽으로 막아 버렸다. 단지 세금을 덜 내기 위하여. 다 지난 옛날 이야기가 아니냐고? 결코 그렇지 않다! 문세와 창문세는 총재 정부 시절부터 제1차 세계대전까지 유지되었다! 물론 오늘날 국세청 직원은 열린 창문의 개수를 일일이 세면서 다니진 않는다. 다행히! 하지만 어둠 속에 몸을 숨길 사람들이 누구인지는 안 봐도 알고 있을 것이다. 얘기인즉슨 그렇다. 단, 누군가 새로운 썰을 내놓기 전까지….

테니스 점수 체계는 왜 그렇게 복잡할까?

079

러브, 15, 30, 40, 어드밴티지, 게임, 세트, 매치! 아무리 봐도 단순하지 않다. 프랑스 오픈 테니스 대회인 롤랑 가로스Roland-Garros의 골든 타임을 기억하는가? 해설자가 점수를 반복해 주니 망정이지, 그렇지 않다면 냉장고에서 시원한 천연 탄산수(맥주는 축구 애호가들이 마신다.)를 꺼내러 간 사이에 테니스 경기는 이미 종료되었을 것이다.

어째서 점수를 0, 1, 2, 3으로 하지 않을까? 왜 농구처럼 2, 4, 6으로 하지 않을까? 당구처럼 100, 200, 300으로 하지 않는 이유는 뭘까? 15, 30 다음에 40인 이유는? 이런, 숫자가 규칙적으로 커지는 것도 아니네?

테니스는 프랑스 혁명 시기에 크게 유행한 주드폼jeu de paume에서 비롯되었다. 규칙은 오늘날의 테니스와 비슷했다. 선수 둘(혹은 그 이상)이 네트 하나를 사이에 두고 공을 네트의 반대편으로 넘겨야 한다. 하지만 라켓이 아닌 손으로(정확히는 손바닥으로) 공을 넘겨야 한다.

최초의 정식 입문서는 1784년에 출간된 만느비유Manevieux의 『주드폼 경기 규칙 해설서』였다. 이 책을 통해 경기 규칙을 습득할 수 있다. 주드폼이 '가뉴 떼렝gagne-terrain'[46]과 결합되었다는 사실을 논외로 한다면, 애초에는 수학적인

---

46 야외에서 작은 공을 가지고 하는 팀 스포츠로, 점수 체계가 테니스와 같으면서도 땅따먹기와 비슷하다.

논리에 따라 점수를 1점씩 매겼다.

한 선수가 점수를 얻을 때마다 네트에 가까이 다가간다. 먼저 득점한 선수가 15삐에pied[47] 라인으로 전진한다. 그리고 나서 다시 득점을 하면 15삐에를 더 가서 30삐에 라인에 서게 된다. 여기서 한번 더 득점을 하면, 또다시 10삐에를 나아가 결국 40삐에 라인에 이른다. 마침내 네트와의 거리가 매우 가까워 상대편으로 공을 넘기기가 쉬워진다. 이를 가리켜 상대 선수에 대해 '어드밴티지'가 있다고 말한다. 0, 15, 30, 40, 어드밴티지. 이리하여 테니스 점수 체계의 기초가 마련되었다.

'테니스'라는 단어 역시 주드폼에서 비롯되었다는 주장도 있다. 영국의 신사들 사이에서 점차 인기를 얻게 되자, 주드폼은 마침내 영불해협을 건너 영국의 상류층 가정에서도 즐기는 운동이 되었다. 그로 인해 영국에서부터 러시아에 이르기까지, 유럽 여러 나라의 상류층에서도 프랑스어를 배우기 시작했다. 테니스는 '공을 던질 준비를 하라'는 뜻의 구령인 '뜨네Tenez!'에서 변형, 발전된 이름이다. 종목도 두 가지, 규칙도 두 가지. 그러고 보면 혼란스러울 만도 하다.

얘기인즉슨 그렇다. 단, 누군가 새로운 썰을 내놓기 전까지….

---

[47] 프랑스에서 사용되던 길이의 단위로, 사람의 1보에 해당하는 약 0.3248m다.

왜 캐럿으로 귀금속과 다이아몬드의 무게를 표현할까?

080

악당과 사기꾼의 공통점을 아는가? 이들은 24캐럿짜리 순금과 거대한 다이아몬드만 좋아한다.

그토록 유명한 캐럿은 과연 누구일까? 귀족? 대부호? 보석상? 전지를 발견한 볼트나 증기기관을 발명한 와트처럼, 혹시 다이아몬드를 발명한 사람일까? 아니다. 캐럿은 과일이다.

캐럿은 이탈리아어 '카라토carato(아랍어 '키라트 qirât'에서 따온 말이며, 키라트는 캐럽나무의 씨를 뜻한다.)'에서 유래했다. 캐럿은 캐럽나무 열매의 씨앗이다.

캐럽나무는 실거리나무과에 속하며 지중해 연안에서 자라는데, 그 열매는 과육이 매우 달고 콩깍지를 닮았으며, 길이는 약 15㎝ 정도다.

캐럽 열매가 품고 있는 캐럿의 특징은 씨앗의 크기나 모양과 상관없이 무게가 일정하다는데 있다. 캐럿은 계량 저울이 없던 시대에 금이나 보석의 무게를 다는 평형추로 사용되었는데, 이는 당시로선 가장 신뢰할 수 있는 방법이었기 때문이다.

1912년까지 1캐럿은 0.2055g이었다. 현재는 미터법의 영향으로 0.2g으로 고정되었다.

여러분은 '24캐럿'이라는 표현에 대해 어떻게 생각하는가? "11캐럿이나 25캐럿은 왜 안 되지?" 이렇게 의아해할 수도 있다.

1캐럿은 순금의 24분의 1에 해당한다. 이 모든 것은 중세 말기에 전성기를 맞은 메카Mecca에서

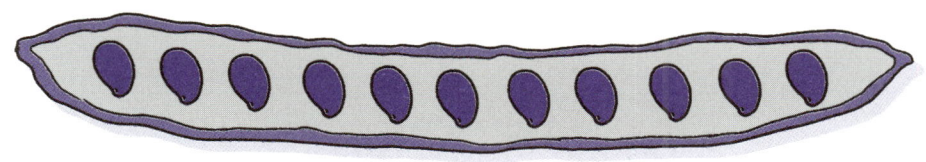

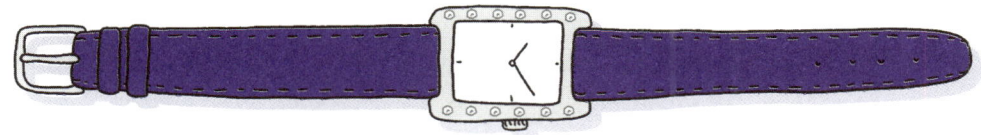

캐럿이 드니에denier[48]의 24분의 1에 해당했기 때문이다. 지나치지도 부족하지도 않았다. 즉 꽤 정확했다. 세상에서 가장 아름다운 보석일지라도 가진 것 이상을 내어 줄 순 없는 법이다.[49]

얘기인즉슨 그렇다. 단, 누군가 새로운 썰을 내놓기 전까지….

48 고대 로마 시대부터 유통된 데나리우스 은화를 가리킨다. 중세에는 아랍과 유럽에서 두루 사용된 은화다.
49 모든 것은 오로지 그것의 고유한 가치만으로 평가되어야 함을 뜻한다.

왜 포크로 식사하게 되었을까?

다양한 식사 장면 가운데 임의로 두 가지 예를 들어 본다면, 중국인은 젓가락으로 먹고, 마오리 원주민은 손으로 먹는다. 그렇다고 이들을 세련되지 못하거나 식량 부족난을 겪는 사람들로 여기면 안 된다.

그런데 유럽인의 식탁에 포크가 놓이게 된 배경은 무엇일까?(마르코 페레리 Marco Ferreri의 영화에 등장하는 배우들은 예외다.) 포크 문화는 르네상스 시대에 시작되었는데, 당시 귀족들은 손으로 식사하고 있었다. 그러던 중, 일부 이탈리아 왕실을 시작으로 포크가 식사 문화의 일부가 되었다. 15세기 무렵, 이탈리아인은 (언제나 그랬듯) 우아하고, (유별나게) 변덕스러우며, (오늘날 우리들처럼) 유행에 민감했다. 당시에는 '프레즈 fraise'가 유행했는데, '쌍떡잎식물'에 속하며(꼭지를 잡고 설탕을 묻히지 않고 먹어도 맛있는) 흔히 텃밭에서 기르는 딸기가 아니다. 목둘레에 두르는 거대한 흰색 옷깃을 가리킨다.

근엄한 귀족들도 프레즈를 두르면 우스꽝스러워 보였다. 세상에서 가장 돋보이길 원하는 귀족들의 요구가 반영되면서 프레즈는 더 많은 주름에, 더 넓적하고, 더 무거워졌는데, 나중에는 거추장스러운 장식깃까지 달리게 되었다. 결국엔 옷깃이 너무 넓어지는 바람에 손이 음식에 닿지 못하는 사태가 발생했다.

그런데 마침 어느 천재적인 이탈리아인이 음식을 집을 수 있도록 포크를 고안해 내어, 약 20~30㎝ 정도 떨어진 음식도 먹을 수 있게

되었다. 초기에는 하인들이 포크가 생소한 손님들을 위해 살코기가 붙은 뒷다리를 일일이 입에 넣어 주었다고 하니, 포크의 데뷔극(진정한 의미의 데뷔였다.)은 그야말로 비장했다. 이리하여 유럽의 다른 나라에서도 포크를 사용하기 시작했으며, 이후로는 버킹엄 궁궐로부터 보카사[Bokassa][50]의 부엌에 이르기까지, 여러 문명 세계로 전파되었다.

얘기인즉슨 그렇다. 단, 누군가 새로운 썰을 내놓기 전까지….

---

50 중앙아프리카 공화국의 군인 출신 정치가다. 1966년 쿠데타로 대통령이 되었고, 1976년부터 중앙아프리카 제국의 황제인 보카사 1세로 등극했다가 1979년 쿠데타로 실각했다.

왜 목욕을 하면 개운할까?

목욕은 단지 몸을 씻는 행위가 아니다. 목욕을 즐기는 것은 긴장과 피로를 풀 수 있고 휴식을 취할 수 있기 때문이다. 이토록 단순한 행위가 즐거움과 만족감을 줄 수 있다니, 참으로 놀라운 일 아닌가?

물에 몸을 적실 수 있으니까? 비도 우리를 적셔 준다. 따뜻하기 때문에? 추위를 타는 사람을 따뜻하게 해 줄 수는 있지만, 사우나만 못하다. 부드러운 깃털 이불이나 속을 넣은 솜이불에다 난방기까지 완벽히 갖춘 침대보다 더 따뜻한 것도 아니다. 그렇다면 비스듬히 누울 수 있으니까? 물론 샤워에 비하면 그렇다고 볼 수 있다. 그러나 안정감과 편안함이라는 목욕의 탁월한 장점을 설명하기에는 부족하다. 누울 자리는 다른 곳에도 많으니까. 침대에 단 30분만 누워도 휴식이 된다는 생각에는 동의한다. 하지만 30분의 목욕이 주는 행복과는 비교할 수가 없다.

자, 이쯤에서 목욕의 장점을 깨닫게 해 준 이의 이름을 큰 소리로 외쳐 보자. 아르키메데스!
목욕으로 긴장을 풀 수 있는 원리를 가르쳐 준 사람이 바로 아르키메데스다. 욕조 안에 몸을 푹 담그는 순간 이동한 물의 무게와 동등한 수직 압력이 아래에서 위로 작용한다. 실제로 물속에 (예를 들어 수영장에) 있을 때 수직 압력이 몸을 밀어낸다. 즉 몸이 '물에 뜬다'. 목욕의 원리도 마찬가지다. 아르키메데스의 압력 때문에 몸이 물에 뜨는 것이다. 만일 뜨지 않는다면,

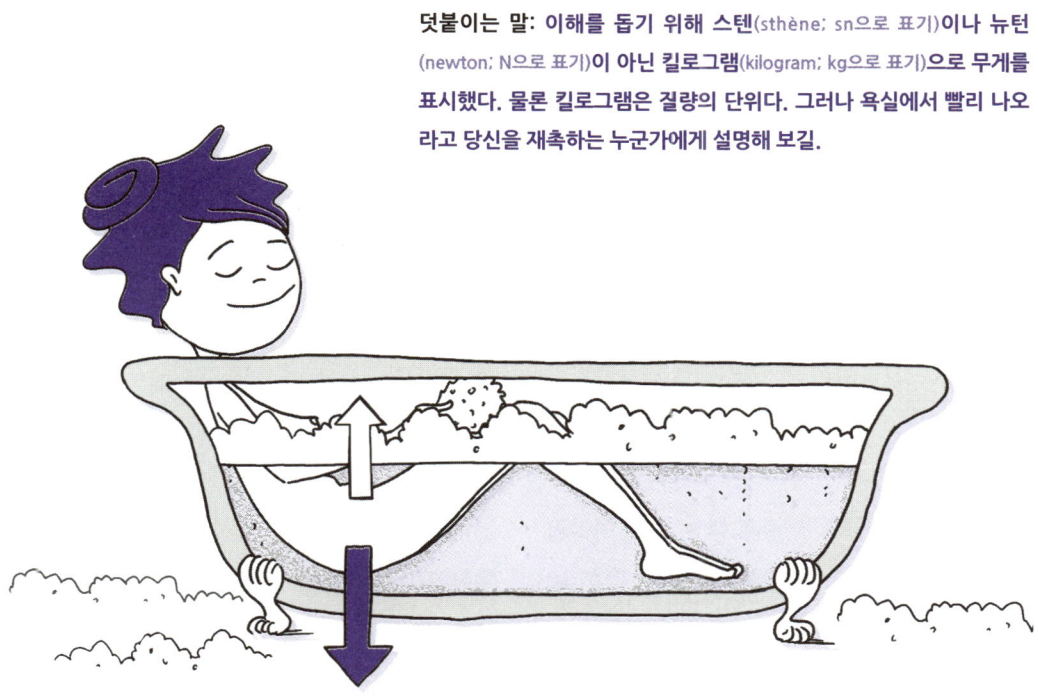

덧붙이는 말: 이해를 돕기 위해 스텐(sthène; sn으로 표기)이나 뉴턴(newton; N으로 표기)이 아닌 킬로그램(kilogram; kg으로 표기)으로 무게를 표시했다. 물론 킬로그램은 질량의 단위다. 그러나 욕실에서 빨리 나오라고 당신을 재촉하는 누군가에게 설명해 보길.

욕조가 크지 않거나, 전신이 잠길 만큼 깊지 않기 때문일 것이다. 어쨌든 결과는 같다. 중력이 약해지면 무게가 줄어들기 때문에 마치 공중에 붕 떠 있는 상태와 같아진다. 관절과 근육에 가해지는 압력이 감소하는 결과 피로감도 줄어든다.

몸무게가 80kg인 사람은 욕조 안에서는 약 25kg밖에 나가지 않는다. (몸무게는 욕조의 깊이에 따라 달라진다.) 60kg인 아가씨가 19kg의 요정이 되는 셈이다. 못 믿겠다고? 혹시 체중계를 가지고 있다면 한번 확인해 보면 된다. 체중계의 바늘이 어디까지 움직이는지 확인하는 것은 좋지만, 거품 목욕은 피해야 한다. 수치가 왜곡될까 염려해서가 아니라, 눈금을 읽을 수가 없을 테니.

얘기인즉슨 그렇다. 단, 누군가 새로운 썰을 내놓기 전까지….

왜 해적은 항상 스카프를 두르고 나타날까?

083

어릴 적 우리를 공포에 떨게 하던 해적 이야기를 기억하는가? 먼 바다에는 돛을 단 범선 세 척이 떠 있고, 그중 한 척에는 깃털 모자를 쓴 해적 선장이 타고 있다. 보물 상자에는 보석과 금화가 가득 차 있다. 손에는 칼을 들고, 머리에는 (어쩌면 해골 무늬가 그려진) 스카프를 두른 해적들이 점점 다가올수록 선원들은 마치 에스파냐 공주처럼 새파랗게 겁에 질린다.

그런데 과연 해적들이 죄다 똑같은 스카프를 둘렀을까? 적에게 겁을 주기 위해 두른 걸까? 해적들은 옷을 제멋대로 입는다. 오히려 각자의 형편에 맞춰 입었다고 말하는 편이 맞겠지만, 그렇다고 직접 사 입은 것도 아니다. 이른바 '해적의 전성기'였던 17세기에는 주로 약탈한 상선에서 옷을 훔친 즉시 걸쳤다.

해적에게 스카프란 명예 훈장이 아닌, 실질적인 보호 장구나 다름없었다. 바닷물이나 땀으로 스카프를 자주 적셔 머리를 식힘으로써 일사병을 예방했다. 또한 스카프는 불의 위협으로부터 보호해 주었다. (이들은 선박을 약탈하기 위해 배에 불을 지르는 일이 잦았다.) 특히 포탄이 터지면서 날아드는 나무 파편을 막아 주고, 잘못 겨눈 적의 칼로부터 머리를 보호해 주었다.

뿐만 아니라, 자질구레한 용도로 쓰이기도 했다. 설거지할 때는 행주로, 세면 시에는 수건으로, 전투 후에는 붕대로, 심지어 손수건으로도 쓰였다고 한다!

비위생적일 것 같다고? 오히려 해적이 스카프로

코를 푸는 것은 그나마 우아한 편이다. 에르메스Hermès의 명품 스카프에다 코를 푸는 사람도 봤으니. 하물며 까르띠에Cartier의 스카프로 코를 풀어 주는 건 '의무'라는 말도 들리던데 ….
얘기인즉슨 그렇다. 단, 누군가 새로운 썰을 내놓기 전까지….

알파벳은 왜 대문자와 소문자로 표기할까?

084

알파벳은 모두 26자로 이루어져 있다. 하지만 알파벳을 처음 배울 때는 모두 52자를 익혀야 한다. 배울 것이 2배나 늘어나다니!

알파벳의 모든 문자는 두 가지 방법으로 쓰인다. 프랑스의 유치원에서는 각각 '막대 문자'와 '묶인 문자'라 가르친다. 바로 알파벳의 대문자와 소문자에 관한 이야기다.

두 표기법 가운데 하나는 없어도 될 것 같은데, 굳이 복잡하게 만든 이유는 뭘까? 책을 더 멋있게 꾸미려는 디자인 차원의 고민 때문에? 또는 보다 정확한 문장을 구사하기 위한 어법의 문제일까?

사실은 경제성의 문제다. 로마 제국 시대에 라틴어로 문장을 구사할 수 있었던 이들은 오직 대문자만 사용했다. 엄밀히 말해서, 글을 썼다기보다는 돌이나 나무에 끌이나 정으로 단어를 새겼다.

시간이 흐르면서 사람들은 점차 파피루스papyrus에 글을 쓰는 법을 배웠고, 형편이 좀 나은 경우에는 사산死産된 송아지의 가죽으로 만든 고급 독피지나 양피지를 썼다. 하지만 파피루스는 귀했고, 독피지는 비쌌다.

그래서 샤를마뉴Charlemagne[51]시대에 이르러,

---

[51] 프랑크 왕국의 왕이자, 서로마 제국의 황제. 게르만족을 통합하고, 영토를 확대하였다. 그 과정에서 가톨릭을 전파하여 800년, 로마 교황으로부터 서로마 제국의 황제로 승인 받았다.

베네딕트회 수도사들은 자간을 좁히기 위하여, 낱자의 크기를 줄이기에 혼신을 다했다. 그렇게 만들어진 보다 작고 새로운 모양의 낱자로 라틴어 필사본을 작성한 결과, 분량이 줄어들었다. 덕분에 파피루스와 독피지에 들어가는 비용도 상당히 절감할 수 있었다. 이후 소문자의 사용은 지독한 구두쇠들과 학자들 사이에서 빠르게 전파되었으며, 결국 1454년 인쇄술의 발명에도 기여했다.
얘기인즉슨 그렇다. 단, 누군가 새로운 썰을 내놓기 전까지….

개는 겁을 먹으면 왜 다리 사이로 꼬리를 감출까?

085

겁을 먹은 개나 방금 신문지로 맞은 개는 마치 벌을 받는 학생처럼 고개를 떨군다. 그런 녀석은 측은한 눈으로 바라보게 된다.

그런데 개는 본능적으로 꼬리를 다리 사이로 감추는 특이한 습성을 가지고 있다. 바로 이런 점에서 벌을 받는 학생의 태도와 다르다. 벌을 받지 않는 학생과도.

일상에서도 의인화된 표현이 발견된다. 누군가 직장에서 큰 실수를 저질러 동료들의 눈총을 받아 기가 죽었을 때, '꼬리를 내렸다.'고 말한다. 여기에 성적인 의미는 없다. 남성과 여성 모두에게 적용되는 표현이므로.

왜 하필 꼬리일까? 움직이고 털이 난 척추의 말단 부위가 두려움과 무슨 관계가 있다는 말인가? 답은 꼬리가 아니라 그 밑에 있다.

개의 꼬리 밑에는 항문이 있다. 지금 식사를 하고 있다면, 지나치게 정확한 묘사를 너그러이 이해해 주길 바란다. 이름에서 알 수 있듯이, 그곳에 항문선이 있다. 실제로 항문선에서 저마다의 독특한 냄새가 만들어지며, 그 냄새로 개를 식별할 수 있다. 항문선은 특성에 따른 개의 범주화에 반드시 필요하다.

다시 겁에 질린 개 이야기로 돌아오자. 처량한 신세가 된 개는 무슨 수를 써서라도 '잊힐' 방법을 찾는다. 다리 사이로 꼬리를 구겨 넣어 항문 부위를 가리는데, 이는 항문선에서 분비되는 냄새를 감추려는 것이다.

이처럼 늑대나 들개가 한발 물러나는 태도를

취하는 것은 약자가 경쟁자의 우월성을 인정하고, 어차피 이기지 못할 싸움을 피하기 위해서다. 한편, 꼬리를 내리는 행위는 중요한 의미가 담긴 시각적 신호다. (가령, 아프리카의 초원에서라면) 먼발치에서 관찰하는 초식 동물은 육식 동물들 사이의 우열 관계를 즉각 알아챌 수 있다. 이는 생존이 걸린 상황에서는 매우 중요한 정보가 된다.

야생의 습성이 토비Tobby[52]의 유전자에서조차 결코 사라지지 않은 것만 봐도 알 수 있다. 수천 년 동안 인간에게 길들여져 왔으며 또한 주인 아저씨 B가 날고기가 아닌 비타민이 풍부히 함유된 사료를 주었음에도 불구하고. 얘기인즉슨 그렇다. 단, 누군가 새로운 썰을 내놓기 전까지….

---

[52] 월트 디즈니가 제작한 『Air Bud』의 주인공이다. 불어권에서는 버디를 토비로 번역했다. 이 영화는 농구를 잘하는 개 토비를 주인공으로 한 가족영화다.

이유 없는 교통 체증은 왜 생길까?

1단, 2단, 2단, 1단, 정지….
"으아악! 또 막히잖아! 대체 왜 이러는 거야?" 어릴 적 남동생이 이렇게 물었다. "앞에 가는 녀석은 대체 뭐하고 있는 거야?!?"
아무 것도 하지 않는다. 실은 '앞에 가는 녀석' 같은 건 존재하지 않는다. 이유 없는 교통 체증 혹은 '유령 체증'이라고 한다.
수많은 연구팀이 도로 교통에 얽힌 수수께끼에 매달려 왔다. 그들은 교통에 관한 이론적 모델을 정립함으로써 (학문적 깨달음에서 오는) 보람을 느꼈다. 뿐만 아니라, 교통 문제를 개선함으로써 사고의 위험과 대기 오염을 줄이고, 운전자의 짜증과 피로를 덜어 주는 등의 실질적인 이득도 얻을 수 있었다.

파동 전달의 법칙 또는 유체 역학 이론은 자동차 교통 모델의 기초가 된다. 매사추세츠 공과대학(MIT) 과학자들의 설명에 따르면, 맨 앞에 가던 차의 운전자가 브레이크를 밟기 때문에 일어나는 아주 경미한 사건이 '유령 체증'을 일으킨다. 통행량이 많거나, 차간 거리가 충분하지 않을 때는 앞차의 운전자가 브레이크를 밟으면 뒤에 가던 차의 운전자도 반사적으로 브레이크를 밟는다. 이때, 뒤차 운전자가 앞차 운전자보다 조금 더 세게 제동을 걸게 되는 건 당연한 일이다. 이와 같은 방식으로 모든 차량에 연쇄적인 파동이 전이된다. 차가 완전히 정지할 때까지 속력은 점점 감소하며, 다시 출발하기 위해 걸리는 시간은 점점 길어진다.

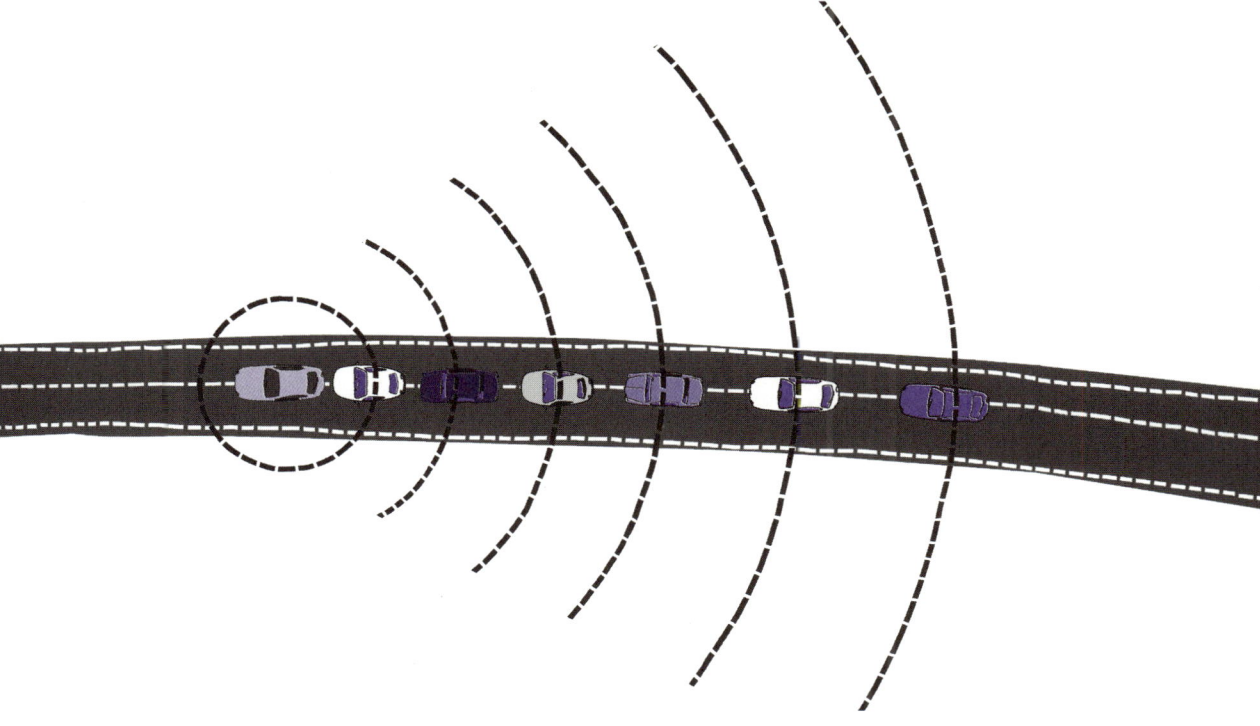

결국 '파도'는 더욱 분명해진다. 선두 차가 다시 출발하는데 1초가 걸린다고 치자. 그 뒤를 따르던 차는 앞차의 출발을 확인한 후에야 출발할 수 있다. 그래서 3초가 걸린다. 이후에도 같은 방식으로 꼬리에 꼬리를 문다. 이와 같이 '파도'가 퍼져 나가는 속도는 (물론, 역주행하는 것보다는 더 빠르겠지만) 시속 20km로 추정된다.

엑서터Exeter 대학의 연구자들 또한 교통 체증을 일으킬 가능성이 높은 상황을 중심으로 교통 체증을 유형별로 정리했다. 1km 구간 내 차량 밀집도가 15대 이상인 고속도로에서는 차간 거리가 좁다. 그럼에도 트럭 한 대가 다른 차를 추월하려고 차선을 바꾸면, 교통 체증 발생 확률이 매우 높아진다. 또한, 운전자가 휴대폰 통화를 하느라 속도를 늦추는 경우에도 마찬가지다. 따라서 시간 당 6,500대의 차가 통행할 수 있는 3차선 고속도로의 교통량을 초과했을 때는 개별 운전자의 행동은 전체 교통 상황에 어마어마한 영향을 미치게 된다. 꽉 막힌 도로에서 분통이 터지는 순간 차분히 생각해 볼 문제다. 얘기인즉슨 그렇다. 단, 누군가 새로운 썰을 내놓기 전까지….

모나리자의 미소에 숨겨진 비밀은 왜 알아내기 힘들까?

"모나리자에 수염을 그린 이들이 모두 죽었기 때문에 모나리자가 미소를 짓고 있는 것이다."
역시 앙드레 말로 André Malraux의 예언대로다. 모나리자의 미소는 지구 상에서 가장 많은 논란이 된 문제들 중 하나임에 틀림없다. 미술 평론가와 외국인 관광객들 심지어 의사들까지, 정말 많은 이들의 주목을 받았다.
미국인 외과 의사 찰스 벨 Charles Bell 은 모나리자에게서 안면 말초신경 마비 증세를 발견했다. 매독, 간 질환, 외상 후 스트레스까지 거론되었다.
그러나 문제의 본질은 (미소의 원인을 규명하기에 앞서) 모나리자가 실제로 웃고 있느냐 아니냐에 대한 합의점에 도달하지 못한 데에 있다. 이는 모나리자의 모호한 표정이 다양한 해석의 여지를 낳기 때문이다.
하버드대 의대 신경학과 교수인 마거릿 리빙스톤 Magaret Livingstone 역시 미소에 관한 결론이 쉽게 도출되지 못하는 원인은 사물을 인지하는 시각 체계에 있음을 지적했다.
유심히 관찰해 보자. 얼굴의 윗부분을 바라보면 시선이 모나리자에 고정된다. 측면에서 바라본 모나리자의 미소는 입술을 제외한 얼굴의 나머지 부분에 생긴 그림자의 영향을 받는다. 그러나 입술을 정면으로 바라보는 경우엔 모나리자의 미소가 제대로 보이지 않는다. 이는 세부 묘사와 색채가 집중된 얼굴의 중심부에만 시선이 쏠리기 때문이다.

모나리자의 미소에 관한 해석이 모호한 것은 레오나르도 다빈치가 바로 '스푸마토sfumato 기법'[53]을 활용했기 때문이다. 이 기법은 매우 치밀하게 연구되어 왔으며, X선 분광기 덕분에 물감을 채취하지 않아도 그림을 분석할 수 있게 되었다.

스푸마토 기법에 관해 필립 월터Philippe Walter 프랑스 국립박물관 학예연구센터장은 다음과 같이 설명한다. "다빈치는 그림자를 주기 위해 층을 겹겹이 입혔습니다. 그 결과, 얼굴에 입체감이 부여되고, 미소가 만들어졌죠. 우리는 이것을 '글라시glacis 기법'[54]이라 부릅니다."
아울러, 월터 센터장은 여러 색의 물감을 덧칠하여 생긴 층이 극도로 세밀하여 붓 자국이 보이지 않을 정도인 점을 더욱 강조했다.

모나리자(세부묘사)

알 듯 모를 듯한 저 야릇한 미소를 띠고 있는 최초의 그림 모델이 바로 모나리자인 것이다.

얘기인즉슨 그렇다. 단, 누군가 새로운 썰을 내놓기 전까지….

---

53 유화에서 광택을 내기 위한 덧칠 기법. 밑그림이 마른 다음 투명 물감이나 반투명 물감을 기름에 풀어 엷게 칠하고, 밑그림의 색조와 뒤섞어 화면에 풍부하고 깊은 인상을 표현하는 덧칠 기법이다.

54 밑그림이 마른 뒤 투명 물감을 엷게 칠하여 화면에 윤기와 깊이를 주는 유화 기법을 가리킨다.

여자들은
눈 화장을 할 때
왜 입을 벌릴까?

088

영화 『새장 속의 광대 La Cage aux folles』에서 열연한 미셸 세로 Michel Serrault의 사슴처럼 커다란 눈이 실로 감탄스럽지 않던가? 여자들이 마스카라로 속눈썹 화장을 하면서 입을 벌리는 모습도 봤다면, 한번 떠올려 보자. 이상한 일이다. 치아에 화장을 하는 것도 아닌데.

이유가 궁금한 나머지 필자는 주변의 예쁜 여자들에게 수없이 물어봤다. (실은 별로 예쁘지 않은 여자들에게도 물어봤다. 그래야 제법 보편적인 얘깃거리로 보일 테니까.) 다들 이구동성으로 답하길, 반사적인 행동이라고 한다. 대체 무슨 뜻이지?

어렸을 때는 대개 중요한 일을 해야 할 때(주로 색칠 놀이를 하거나, 잉크로 대문자 W를 따라 그리거나, 레고로 기관차를 만들며 놀 때) 혀를 내밀곤(원래 뜻으로든 비유적인 뜻으로든) 했다. 소아과 의사들에 따르면, 아이들은 중요한 일에 집중할 때 이런 동작을 취한다. 따라서 입을 벌리는 것은 어릴 적 혀를 내밀던 동작을 무의식적으로 재연하는 것일 수 있다. 그러나 이러한 가설은 두 가지 논란을 불러 온다.

왜 하필 입을 벌리는 것일까? 혀를 내밀지 않고서 말이다. 왜 속눈썹 화장을 할 때만 입을 벌리고, 귀걸이를 다는 등의 섬세한 작업을 할 때는 그러지 않는 걸까?

여성 혐오자들은 별 생각 없이 하는 반사 행동이라 말한다. 동네 피부 관리사 역시 무의식적인 반사임을 인정한다. 그러나 의식적인 반사는 사실상 반사 작용이 아니라는 점을 일깨워 줄

겨를도 없이 가게 문을 닫고 퇴근해 버린다. 어쨌든 여성 혐오자와 피부 관리사, 이 두 사람은 한 가지 사실에 대해선 생각을 같이 한다. 즉, 여자들이 어쩌다 우연히 입을 벌리는 것은 아니라는 것.
남녀를 불문하고 전혀 의식하지 못한 채, 하루에도 셀 수 없이 반복하는 동작이 무엇인지 아는가? 눈을 깜박이는 것이다. 속눈썹에 바른 마스카라를 말려야 하는 상황이 아니라면, 아무에게도 폐가 되지 않는다. 입을 크게 벌리면 반사적으로 눈을 깜박이는 횟수를 대폭 줄일 수 있다. 혹시 이해가 안 된다면 다들 거울을 보면서 해 보길 바란다.
여기서 잠깐. 여성들이 알아 두면 좋을 비법이 하나 있다. 눈 화장을 할 때, 입을 '아'하고 크게 벌리면 얼굴과 볼과 눈꺼풀의 근육이 늘어났다가 줄어든다. 그럼으로써 여러분의 그 기다란 속눈썹은 완전히 고정되고, 멋진 화장으로 남편과 남자친구를 만족시킬 수 있다! 단, 기다리다 지쳐 나가자며 보채는 남편은 제외하고. 얘기인즉슨 그렇다. 단, 누군가 새로운 썰을 내놓기 전까지….

왜 수탉이 프랑스를 상징할까?

089

"일어서라, 조국의 젊은이들이여!" 프랑스의 국가 '라마르세예즈 La Marseillaise'의 유명한 후렴구다.

솔직히 때론 맹목적인 애국자가 되곤 한다. 국제 대회에서 프랑스 선수들이 가슴에 수탉을 달고 경기에 임할 때면 가슴이 두근거린다. 축구 선수의 경우엔 덤으로 별을 달기도 한다. 물론 이들의 IQ가 닭의 그것에 가까운 경우도 있긴 하지만.

기록에 따르면, 수탉이 처음으로 프랑스를 상징하게 된 것은 1665년, 루이 14세가 에스파냐 국왕과 싸워 르케누아 Le Quesnoy를 얻어 낸 전승 기념 메달이었다. 메달에는 다음과 같이 쓰여 있다. "프랑스의 수탉에 패배한 스페인의 사자가 줄행랑치다."

7월 왕정과 제2공화정 시기에는 수탉이 공식적으로 군기에 그려졌다. 1848년에는 프랑스 공화국의 국새에도 새겨졌다. 자유의 여신의 손에 수탉이 장식된 부채가 들려 있다. 참으로 엉뚱한 발상이다. 암탉의 짝을 국가 상징물의 반열에 올릴 생각을 하다니. 거만하고, 시끄럽고, 겁쟁이에다, 노인의 무릎 높이만큼도 날지 못하거나 간신히 나는 새인데도 말이다.

이웃 나라 영국인들은 두 발을 똥에 담그고도 노래할 수 있는 유일한 동물인데도, 프랑스인들은 그런 수탉을 깃발에 그려 넣었다고 말한다. 그러나 이는 잘못된 주장이다. 수탉의 습성이 아닌 어원의 문제이기 때문이다.

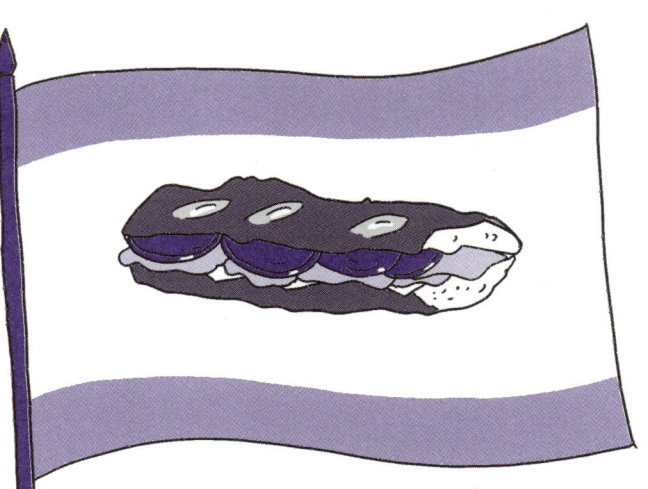

라틴어로 '갈루스gallus'는 수탉, 즉 '골Gaule'을 뜻한다. 이는 마치 라틴어에서 리옹Lyon 시의 상징이 사자인 것과 같다. 또한 샌드위치 섬 깃발에 샌드위치가 그려진 것과도 같다. 또는 (영국령) 브리스톨 해협의 깃발에 카드 게임이 등장하는 것과도.

장 콕토Jean Cocteau는 (로스트 비프용 쇠고기 같은) 영국인들의 주장에 다음과 같이 반박했다. "프랑스가 어떤 나라냐고? 거름 위에 서 있는 수탉이다. 거름을 제거하면 수탉은 죽거든. 그러니 거름 더미와 똥을 혼동하는 것은 어리석은 일이다."

콕토는 이런 말도 했다. "프랑스인은 수탉처럼 유쾌하고 열정적인 이탈리아인이다."

얘기인즉슨 그렇다. 단, 누군가 새로운 썰을 내놓기 전까지….

왜 프랑스에는 도道가 90개나 될까?

090

제목에서 90개라고는 했지만, 사실 프랑스에는 모두 101개의 도가 있다. 마요트Mayotte가 주민 투표를 거쳐 프랑스령 지위를 버리고 완전한 프랑스의 도로 편입됨으로써 101개가 되었다.

하지만 차 안에서 시간을 보내야 할 때면, 필자는 아직 (닌텐도나 플레이스테이션과 같은) 콘솔 게임이 없던 시절에 부모님께서 만들어 주신 자동차 번호판 놀이의 추억에 잠기곤 한다. 목록은 01(엔Aisne)부터 75(파리 가이드북Parigots têtes de veau을 참고하길)를 지나 90(프랑스령 벨포르Belfort)까지 죽 이어진다. 원래는 파리 외곽에 위치한 도와 프랑스 해외도DOM(Départements d'Outre-Mer) 및 프랑스령TOM(Territoires d'Outre-Mer)이 추가되지만, 알파벳 순서대로 번호를 붙이지 않으므로 목록에는 포함시키지 않았다.

무엇 때문에 도를 설치했을까? 어째서 번호를 그와 같은 방식으로 붙였을까? 또한 독일과 미국의 주州와는 어떤 면에서 다를까?

프랑스의 도는 18세기 무렵, 행정 구역을 개편할 목적으로 만들어졌다. 구체제 시기에는 영주령과 교회령 그리고 왕령이 미치는 범위가 서로 중복되는 경우가 많았다. 그래서 18세기 초에 들어서 이토록 복잡한 상황에 대해 신속히 대책을 강구한 것이다.

1789년은 혁명가들에 의해 새로운 행정 구역이 선포된 해다. 프랑스 국토를 18개의 정사각형 모양으로 분할한 뒤, 이를 꼬뮌과 깡똥canton

으로 세분화했다. 이 법령은 1789년 11월 11일에 제정되었다. 시예스뚜레Sieyès-Thouret [55] 시대의 지도에서 따온 오른쪽 그림을 참조하길 바란다. 이를 통해 바둑판 모양으로 구획된 행정 구역 분할의 기원이 프랑스 혁명 때임을 알 수 있다.

이후 인위적인 분할 방식을 버리고, 지리적 특색을 기준으로 삼았는데, 분할의 원칙은 단순했다. 프랑스의 어느 곳이든 말을 타고 하루 만에 도의 중심에 위치한 도청에 닿을 수 있는 거리여야 했다. 도의 크기는 이렇게 결정되었으며, 그에 따라 도의 개수도 결정되었다. 꼬뮌도 마찬가지 조건이 붙었는데, 걸어서 하루 만에 꼬뮌을 가로지를 수 있어야 한다는 것이다.

처음에는 파리를 포함한 80개의 도가 설치되었는데, 실행 과정에서 83개로 확대되었다. 이후로는 나폴레옹의 승리와 패배에 좌우되어 그 수가 달라졌다.

얘기인즉슨 그렇다. 단, 누군가 새로운 썰을 내놓기 전까지….

---

[55] 1) 에마뉘엘 조제프 시예스Emmanuel-Joseph Sieyès. 프랑스 혁명의 지도자이자 헌법 이론가다. 삼부회 제3신분의 대표로 선출되었으며, 후에 국민의회의 중심인물로 크게 활약했다. 1789년 프랑스혁명 전야에 즈음하여 『제3신분이란 무엇인가?Qu'est-ce que le tiers état?』라는 팸플릿을 통해 혁명의 방향과 제3신분의 포부를 밝혔다. 그의 사상은 인권선언 등에 반영되었다.

2) 자크 귀욤 투레Jacques Guillaume Thouret. 프랑스 혁명의 지도자이자 변호사다. 그는 입법의회 의장으로 선출되었으나, 혁명이 과격화되는 와중에 지롱드파라는 이유만으로 단두대의 이슬로 사라진다.

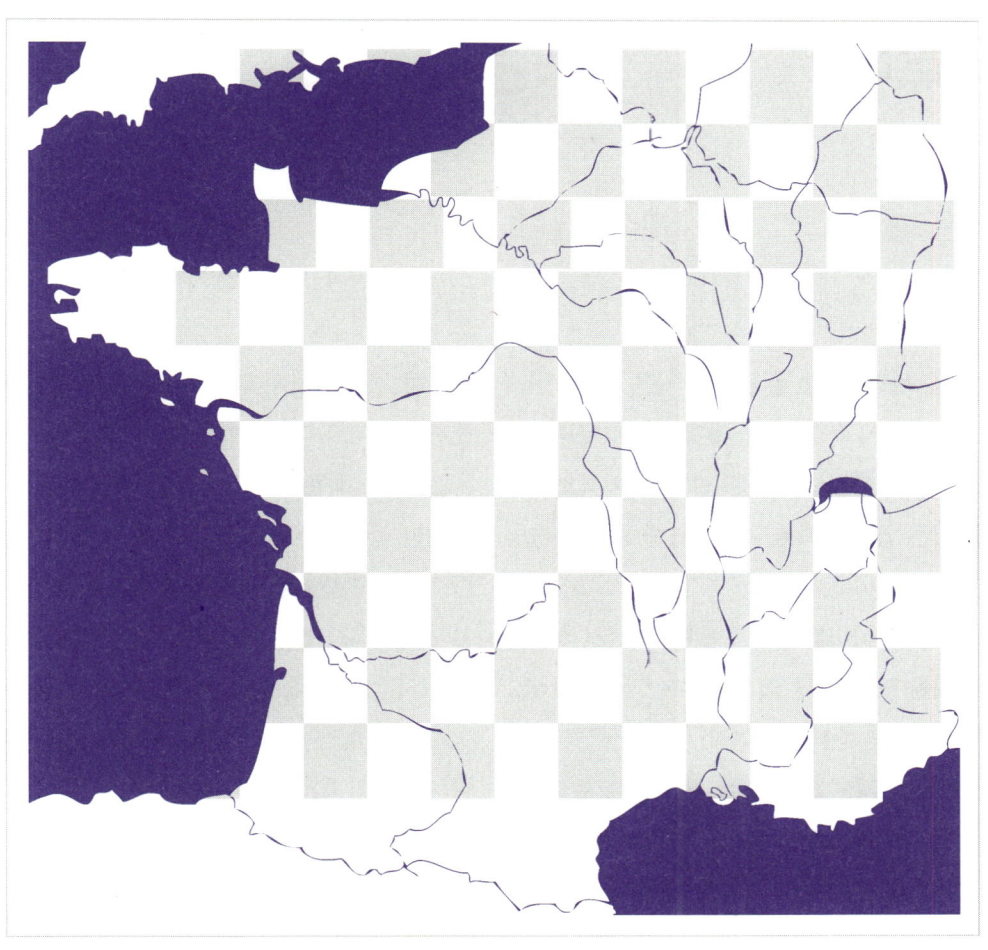

왜 야자수는 바다를 향해 자랄까?

091

작은 섬, 바다, 태양, 끝없이 펼쳐진 모래 그리고 모래사장을 따라 길게 늘어선 바나나나무, 코코넛나무, 야자수. 전형적인 열대 지방의 모습을 담은 엽서나 비누 광고에서 흔히 볼 수 있는 꿈의 풍경이다.

야자수는 늘 바다를 향하고 있다. 여기서 두 가지 질문을 던져 보자. 왜 야자수는 기울어져 있지? 왜 바다를 향하는 걸까?

바람 때문인지는 분명치 않다. 남풍이 불어오는 태평양의 작은 섬을 떠올려 보자.

일 년 내내, 야자수는 북쪽을 향한다. 그래서 북쪽 해변에서는 야자수들이 바다를 향해 자란다. 하지만 반대편인 남쪽 해변에서는 바람이 남쪽에서 불기 때문에 야자수들이 내륙을 향해 자란다. (동쪽과 서쪽 해변에서는 야자수가 측면으로, 즉 한 번은 오른쪽으로, 한 번은 왼쪽으로 기울어질 수밖에 없음을 기억하자.)

이번엔 좀 더 분명하게 설명해 보겠다. 당연한 일이겠지만, 모든 해석의 여지를 열어 두고서 말이다. 빛을 향해 나아가는 특성을 가진 야자수도 있다. 이런 현상을 가리켜 '굴광성 phototropism'이라 하는데, 매우 느리게 진행한다. 이는 식물의 호르몬이 제어한다.

아이비를 창가에 두면 아주 서서히 그러나 질서 있게 몸을 틀고 해를 향해 움을 틔운다. 이는 몇 달이 걸리기도 한다. 해바라기가 매일 같이 방향을 틀어 풍향계를 대신하는 것과 비교된다.

야자수가 있는 해변으로 돌아오자. 야자수는 성장을 위해 빛을 반드시 필요로 한다. 물론 태양 광선이다. 하지만 물에 비친 반사광도 해당된다. 바다는 야자수를 비치는 거울과 다름없다. 그 결과, 야자수는 빛을 최대한 끌어모으기 위해 바다를 향한다. 그렇다면 똑바로 서 있는 야자수는? 당연히 있다! 하지만 엽서에는 등장하지 않는다. 꿈을 접어야 하니까.

얘기인즉슨 그렇다. 단, 누군가 새로운 썰을 내놓기 전까지….

왜 크롸상을 까페오레 café au lait에 적셔 먹을까?

영양사들은 자신있게 말한다. 하루를 시작하는 아침 식사 메뉴로 이보다 더 소화하기 힘든 음식도 없다고 말이다. 그럼에도 우리는 커피에 우유를 섞고, 열량이 높은 패스츄리를 곁들여 먹는다. 이러한 식습관은 어디에서 비롯된 걸까? 아주 머나먼 곳으로부터 전래된 문화다. 터키군의 공격을 받은 17세기 당시 오스트리아의 빈으로 가 보자.

혹독한 전투를 치르던 빈 시민들은 샤를르 드 로렌 Charles de Lorraine과 폴란드 왕의 도움을 받아 침략자를 몰아냈다. 터키인들은 커피 창고를 그대로 버려둔 채 가버렸다. 쿠르예시스키 Kulyesiski라는 이름의 전쟁 영웅이 터키인들이 버리고 간 커피 창고를 접수한 다음, 1683년 세 가지 훌륭한 일을 해낸다. 우선 쿠르예시스키는 빈에 세계 최초의 '까페 café'를 열고 커피 판매를 시작했다. 그리곤 커피에 부드러운 맛을 주기 위해, 즉 쓴맛을 줄이기 위해 설탕 대신 우유를 섞었다.

마지막으로 전승을 기념하기 위하여 오스만 제국의 상징인 초승달 모양의 작은 브리오슈 brioche를 식탁에 올렸다.

그리하여 커피, 우유, 크롸상 croissant이라는 완벽한 트리오가 탄생한 것이다. 이는 기적을 일으키는 다이어트 식단이기도 하다.

얘기인즉슨 그렇다. 단, 누군가 새로운 썰을 내놓기 전까지….

왜 고양이는 나가겠다며 야옹거리고, 또 나가면 들어오겠다고 야옹거릴까?

고양이를 키워 본 독자들은 썩 공감할 만한 얘기다. '야옹' 하는 소리가 들리면 왠지 안쓰럽다. 고양이는 들어오면 다시 나가고 싶어 한다. 그리곤 나가자마자 다시 들어오려 한다. 마치 주인을 놀리는 것 같다!

그러다 보니, 고양이가 변덕스럽다는 결론을 쉽게 내리게 된다. 고양이 때문에 피해를 본 적 있는 이들은 고양이가 사악하다고 말한다. 여성 혐오자들은 고양이를 보면 아내를 떠올린다.

그런 문제가 전혀 아니다. 고양이는 지능이 높은 편이지만, 인간이 만든 문을 파악하지는 못했다. 인간에게 문은 출입구지만, 고양이에게는 순찰을 방해하는 장애물이다.

고양이들은 수천 년 전부터 자신의 영역을 경계하고 지키기 위해 마치 스위스 뻐꾸기시계처럼 조용하고도 규칙적으로 도는 습성이 있다. 왜 이렇게 영역을 부지런히 관리하는 걸까? 냄새로 영역을 표시하는 습성 때문이다. 고양이는 길을 가면서 군데군데 몸을 비비고, 때론 소변을 뿌리기도 한다. 이렇듯 고양이가 남기는 냄새는 금세 사라진다. 냄새의 흔적이 사라지는 속도는 늘 일정하기에, 다른 고양이들이 당신의 수고양이가 부근을 지나간 지 얼마나 되었는가를 알아챌 수 있다.

고양이의 입장에서는 정원이나 복도나 모두 같은 하나의 영역이다. 고양이는 모든 공간을 통제하고 싶어한다. 그래서 나갔다가도 들어오고

싶고, 그 역도 마찬가지다. 때문에 끊임없이 조르는 것이다. 만일 여러분이 도시에 살고 있다면, 더 넓은 집으로 이사를 간다고 해서 이런 야단법석이 끝날 것이라는 기대는 버리길 바란다.

들고양이 한 마리는 대개 85헥타르 이상의 넓은 영역을 지배한다. 이는 축구장 150개 규모에 해당한다! 농장에서 기르는 고양이들 역시 아무리 길들여져도 자유롭게 활보하다 보니, 이들의 영역은 들고양이의 영역과 넓이가 거의 비슷하다. 수컷은 75헥타르를, 암컷은 수컷의 1/10의 넓이에 해당하는 땅이 필요하다. 따라서 65㎡(발코니를 포함하면 68㎡) 크기의 방 세 칸짜리 집으로는 어림도 없다. **얘기인즉슨 그렇다. 단, 누군가 새로운 썰을 내놓기 전까지…**.

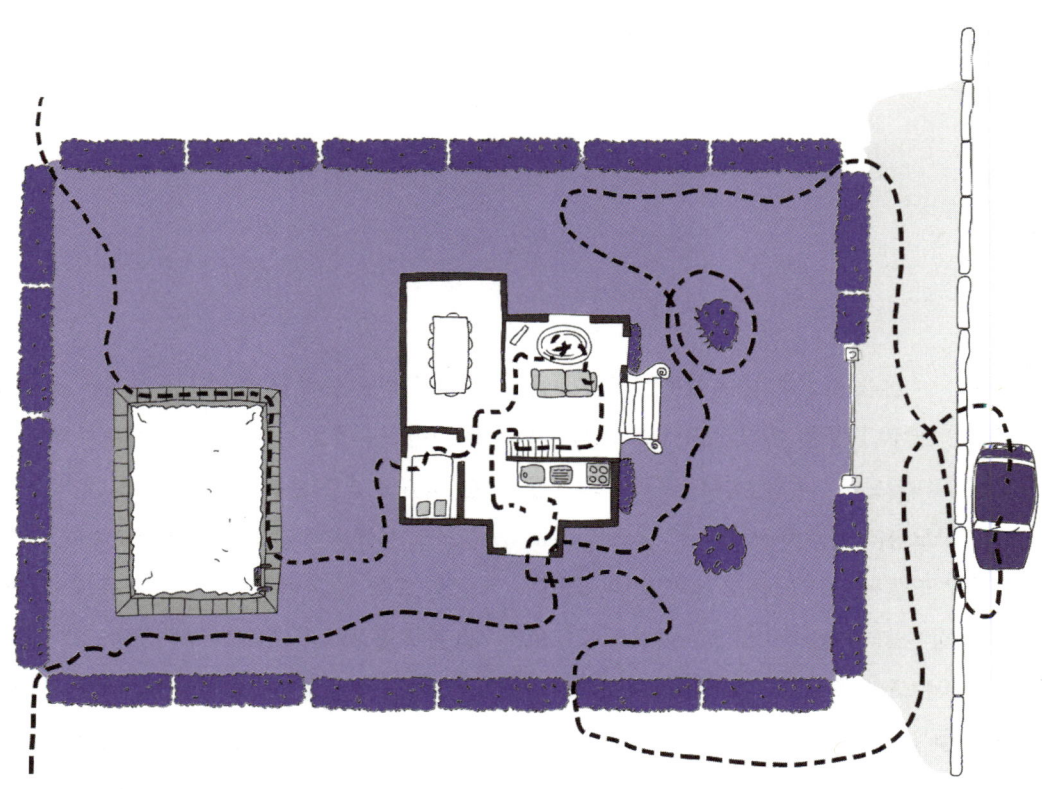

파리의 고급 주택가는 왜 서쪽에 몰려 있을까?

094

파리에서 이른바 '고급 주택가'에 해당하는 지역은 16구, 12구, 13구 그리고 이른바 '잘 사는 17구'를 꼽는다. 하지만 부 뒤망슈 드라브로스 후작 부인이 새끼손가락을 들어 올린 채 찻잔을 들며, 다음과 같이 나즈막히 탄식하는 소리가 여기까지 들리는 것만 같다. "맙소사, 뇌이 Neuilly 는요?" 정확한 지적이다. 뇌이쉬르센 Neuilly-sur-Seine 은 파리 외곽 지역 가운데 고소득층의 눈에 띈 유일한 꼬뮌인데, 마치 우연처럼 파리의 서쪽에 위치한다. 좀 의아하게 여길 수도 있겠지만, 다음의 기억법을 알아 두자. 부자들은 지도에서 봤을 때 파리의 왼쪽에 산다.

왜 그럴까? 파리의 역사를 살펴보자. 17세기부터 특권 계급은 가까운 동네에 옹기종기 모여 살았다. 예전에는 신분에 따라 사는 층이 달랐다. 부자와 귀족들은 2층이나 3층에 살았고, 평민들은 그보다 위층에, 하인들은 지붕 밑 다락방에 모여 살았다. 이후 도시가 재정비되고 전기가 들어오고 승강기가 놓이면서 파리의 모습도 변해 갔다. 신분에 따른 층별 구분이 사라진 것이다.

물론 어떤 구에서는 부유층이 차지하는 비율에도 변화가 일어났다. 1850년경에는 고급 승마 클럽 회원들 중 사분의 일이 4구에 거주했지만, 1909년에는 2%도 되지 않았다. 오늘날에는 거의 찾아 보기 힘들 지경이다.

불과 한 세기만에 부유층들이 파리의 서쪽으로 몰려간 것이다. 무엇을 근거로 그랬을까? 불로

뉴Boulogne 숲과 가까워서? 찬찬히 살펴보자. 파리의 동쪽도 뱅센Vincennes 숲이 있어서 제법 인기가 있었을 텐데? 아니면 아름다운 고급 저택들로 둘러싸여서? 그런 건 아니다. 화려하고 사치스러운 풍경은 파리의 동쪽에서 시작되었기 때문이다. 보주 광장place des Vosges으로부터 마레Marais에 이르는 수많은 저택들과 시떼 섬l'île de la Cité도 빼놓을 수 없다.

그렇다면 유일한 객관적인 근거는 … 바람 때문이다! 겨울철에는 바람이 주로 파리의 서쪽에서 동쪽으로 불어, 서쪽이 다른 지역보다 가정 및 산업 매연에 덜 노출되었다. 공장들 역시 주로 파리의 동쪽에 있었다! 매연을 내뿜는 높다란 굴뚝이 있는 무두질 공장과 제련소 등 다양한 종류의 작업장과 공장들도 모두 동쪽에 있었다.

그런데 이 대목에서 잠시 기억을 되살려 보자. 예전에는 센 강변의 둑을 따라 (미라보 다리 pont Mirabeau 건너편에) 시트로엥Citroën 공장이 있었고, 그래서 그곳이 바로 앙드레 시트로엥 선착장quai André-Citroën이 되었다는 것을. 무프타르Mouffetard 가의 숯장수 집에서 새어 나오는 매캐한 냄새(나무와 숯 냄새, 싸구려 술 냄새, 기타 등등)까지 기억나지는 않더라도 말이다.

실은 두 번째 이유도 있다. 별로 설득력은 없지만, 나름 영향을 미쳤을 순 있다. 파리의 북쪽과 동쪽으로부터 외적이 침략해 왔다는 사실이다. 1870년에는 프러시아가, 1914년과 1940년에는 독일이 프랑스로 쳐들어왔다. 조금은 황당한 일이지만, 파리의 동쪽에 살던 주민들은 본능적으로 서쪽으로 떠나 버렸다. 안전을 보장 받을 수 없을 것 같은 느낌 때문이다. 심지어 영국인이 아닌 것을 안타까워할 정도였다고 하니…. 얘기인즉슨 그렇다. 단, 누군가 새로운 썰을 내놓기 전까지….

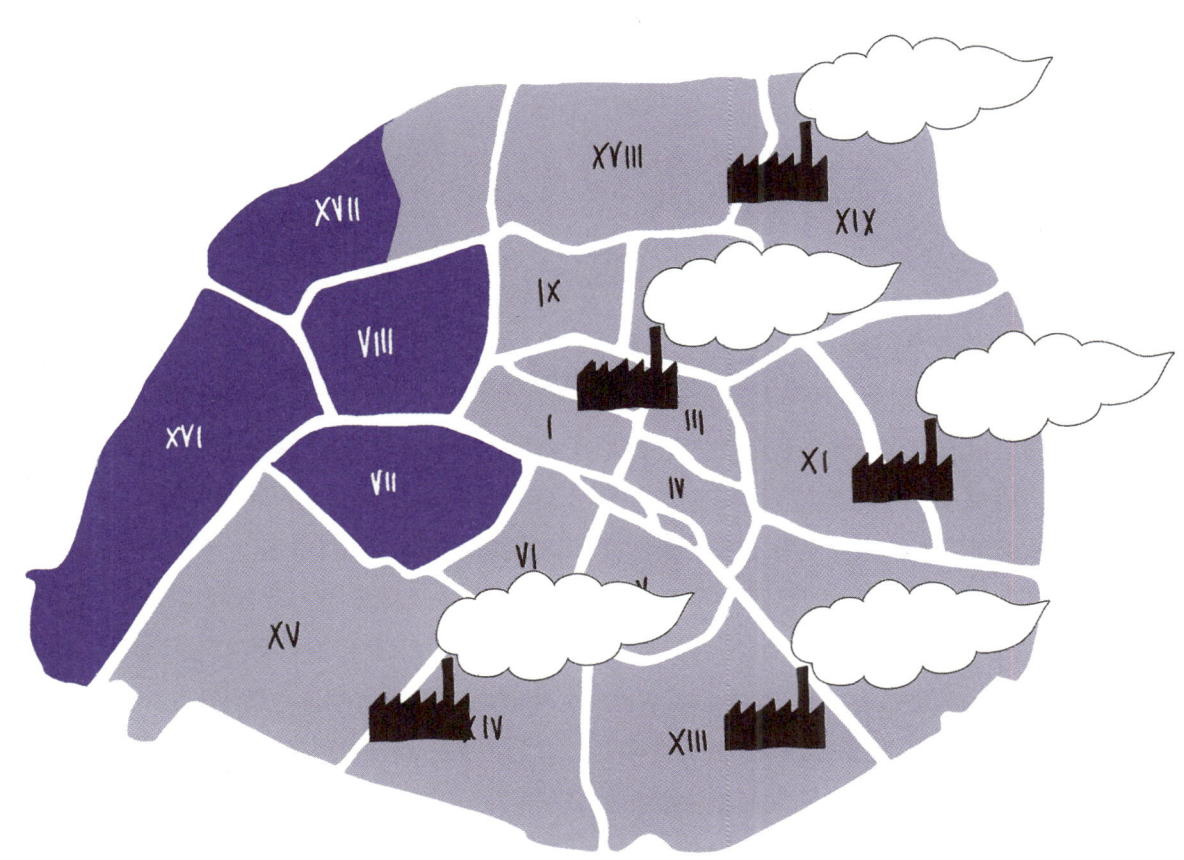

말은 왜 서서 잘까?

밤이 오고, 담요를 두른 카우보이가 모닥불을 쪼이며 졸고 있다. 카우보이의 곁에는 말 한 마리가 나무에 묶여 있다. 말은 선 채로 잠든다. 서부 영화에 흔히 나오는 이런 장면을 볼 때마다, 필자는 최근까지도 넌센스로 여겨 왔다. 물론 ('사람처럼'이라고 말하려고 했지만) 누워서 잘 수도 있겠지만 말은 선 채로 잘 수 있다. 어떻게 가능한 일일까? 말은 인간에 의해 길들여지기 훨씬 이전부터 서서 잤다. 이는 생존을 위해 불가피했다. 실제로 야생마들이 포식자의 공격으로부터 자신을 보호하는 길은 그저 도망치는 일뿐이었다. 그것도 빠르고 민첩하게. 심지어 자는 동안에도 서 있어야만 누워 있을 때보다 훨씬 덜 취약하고, 기습을 받아 붙잡힐 가능성

도 훨씬 낮았다.

그러나 생리적인 차원의 의문은 여전히 남는다. 어떻게 서서 잘 수 있을까? 포유류는 서 있기 위해 근육을 움직여야 한다. 개나 사람이나 마찬가지다. 그래서 긴 시간 앉지 않고 서 있는 일이 힘든 것이다. 쉴 틈을 주지 않는 백화점의 직원들은 적어도 한 번쯤은 경험하게 된다.

그러나 말은 '슬개골 걸기'라 불리는 수직 정지 장치가 있어 아랫다리를 쉬게 할 수 있다. 마치 신이 뼈에 신기한 재주라도 부린 것처럼. 다리가 구부러지지 않게 해 주는 대퇴골의 특수한 돌출부 위로 마치 칼날 잠금장치처럼 슬개골이 올라간다. 슬개골이 고정되면 근육의 긴장이 풀린다. 그러면 수 톤의 압력을 가해도 다리가

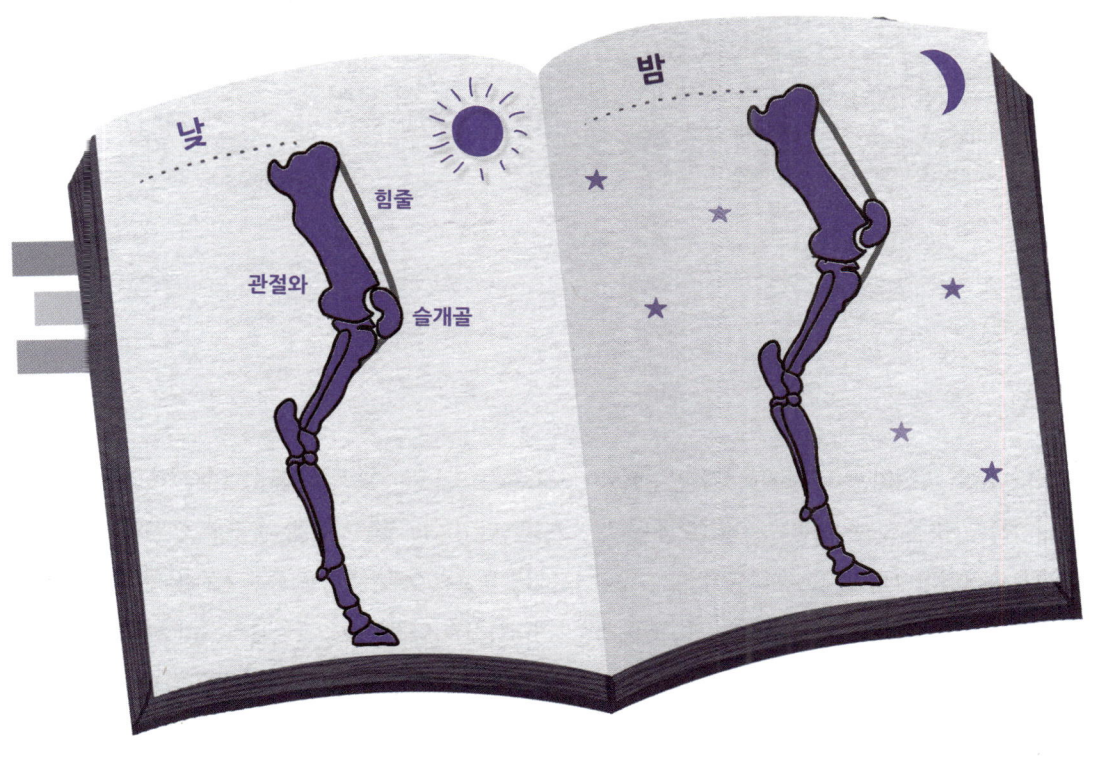

굽혀지지 않는다. 말이 자다가 도중에 깨는 일은 없다. 특정한 근육을 수축시켜 다리를 다시 굽힐 수 있는 것은 오로지 말뿐이다. 매우 드물긴 하지만, 말이 대퇴골 끝에 걸린 슬개골을 간혹 스스로 '풀지' 못하는 경우가 있다. 결국 슬개골을 풀기 위해선 수의사가 인대 수술을 해 주어야 한다. 아하! 그런 것이었구나! 그렇다면 만일 사람도 말의 슬개골 걸기 같은 장치가 있다면 어떤 상황에서 유리할까? 성수기에 기차를 타게 되면, 객실 칸 통로에서도 서서 잘 수 있을 것이다. 단, 기관사가 갑자기 브레이크를 밟을 수도 있으니, 안전에 유의하길!

얘기인즉슨 그렇다. 단, 누군가 새로운 썰을 내놓기 전까지….

미켈란젤로는 왜 시스티나 성당의 천장화를 그렸을까?

096

시스티나Sixtina 성당은 세계에서 가장 아름다운 문화유산의 하나로 꼽힌다. 적어도 이탈리아에서는, 아니 로마에서는 그러하다. 15세기에 건축된 시스티나 성당의 공사를 후원한 사람은 교황 식스투스Sixtsus 4세(프란체스코 델라 로베레Francesco della Rovere)였는데, 성당의 이름은 후원자의 이름에서 따왔다. 길이 40.23m, 너비 13.40m, 높이 20.40m로, 70년에 무너진 솔로몬의 성전과 그 규모가 같다.

사실 미켈란젤로는 이 성당의 건축과는 아무런 관련이 없다. 성당이 완공된 1483년 당시, 고작 여덟 살이었으니. 1507년까지는 별이 수놓인 궁륭으로 천장이 장식되었고, (페루지노Perugino, 보티첼리Botticell, 기를란다요Ghirlandaio, 로셀리Rosselli 등) 당대의 대가들이 대거 참여했다. 그러나 단 하나의 사건을 계기로 모든 것이 달라졌다. 1506년 4월 18일, 시스티나 성당의 바로 옆에 성 베드로 대성당의 초석이 놓였다. 성 베드로의 무덤 위에 대성당을 지을 예정이었다.("너는 베드로라. 나는 이 반석 위에 교회를 세우리….") 이 대규모 공사를 계기로 가톨릭과 개신교가 분리된다. 그런데 공사 비용이 너무 커지자, 교회는 면죄부를 팔아 공사비를 대기 시작했다. 그러자 마틴 루터Martin Luther가 이 면죄부 판매 행위를 비난하며 반기를 들었다. 하지만 이것은 또 다른 이야기다. 대규모의 공사가 진행되던 중 하층토가 흔들렸다. 시스티나 성당을 가로지르는 거대한 균열이 생긴 것이다.

천장이 크게 손상된 시스티나 성당의 완전한 보강 공사가 필요했다. 교황 율리오 2세는 미켈란젤로에게 천장 전체를 보수하라는 임무를 맡겼다. 균열의 완전한 보강이 불가능함을 직감한 미켈란젤로는 색조에 변화를 주는 특별한 모티브를 활용했다. 누수의 흔적을 없애기 위하여 기발한 아이디어를 떠올렸는데, 즉 누수된 부분의 주변부에 맞춰 구름을 그리는 것이었다. 미켈란젤로는 안료를 부단히 연구했다. 특히 푸른색을 많이 연구했는데, 당시 화가들이 흔히 겪는 문제를 피하기 위해서였다. 오래 전부터 쓰여 온 남동광은 습기를 견디지 못한다는 단점을 지니고 있었다. 아레나 성당의 경우, 수해를 입고 난 뒤, 성당에 쓰인 푸른색이 모두 초록색으로 바뀌고 말았다. 미켈란젤로는 비슷한 문제를 겪지 않기 위해 군청색을 사용했다. 그는 4년 동안 일을 한 대가로 3000두카트(약 48,000유로)를 받았다. 작업 초반에는 인부들도 함께 그를 도왔지만, 결국엔 모두 돌려보내고, 분해와 재조립을 일일이 반복해야 하는 사다리에 서서 홀로 작업했다. 이만하면 참으로 훌륭한 장인이라 부를 만하지 않은가! 얘기인즉슨 그렇다. 단, 누군가 새로운 썰을 내놓기 전까지….

파리의 지식인들은 왜 까페 드플로르의 전설이 되었을까?

097

까페 드플로르café de Flore는 제2차 세계대전 시기 지식인들의 활동 무대였다. 장뽈 싸르트르J.-P. Sartre와 시몬 드보봐르Simone de Beauvoir 그리고 생제르멩 데프레Saint-Germain-des-Prés는 까페의 벽에 새겨진 전설과 다름없다.

그런데 이곳이 까페 드플로르라 불리게 된 배경은 무엇일까? 전설은 때론 지극히 평범하고도 사소한 일에서 비롯된다. 하지만 미리 넘겨 짚지는 말자.

귀욤 아뽈리네르Guillaume Apollinaire는 이 까페를 1913년, 개인 작업실 겸 활동 무대로 삼았다. 그는 이곳에서 앙드레 브르똥André Breton을 필립 수뽀Philippe Soupault에게 소개했으며, '초현실주의Surréalisme'[56]가 탄생했다. 이후 까페의 명성도 점차 높아지기 시작했다. 1930년대에는 레몽 끄노Raymond Queneau, 로베르 데스노Robert Desnos, 레옹뽈 파르그Léon-Paul Fargue와 같은 작가들이 이 까페에서 모임을 가졌다.

그러나 까페의 전설은 제2차 세계대전 기간 중에 태어났다. 전쟁과 전쟁이 앗아 가는 것들…. 까페 드플로르에는 당시의 까페에선 매우 보기 드문 한 가지 특징이 있었다. 홀의 중앙에 난로가 하나 있었는데, 종일 장작불을 땠다.

56 제1차 세계대전 후에 일어난 다다이즘의 격렬한 파괴 운동을 비판하며 등장했다. 프로이트의 정신분석의 영향을 받아, 무의식의 세계 내지는 꿈의 세계를 표현하고자 했다.

당시 까페의 주인이었던 뽈 부발Paul Boubal은 작가들이 하루 종일 까페에 머물면서 불을 쬐고, 글을 쓰고, 약속 장소로 활용하는 것에 대해 조금도 불평하지 않았다. 정신이 장소에 미치는 영향에 대한 믿음 때문에, 오히려 작가들의 활동을 장려했다. 이는 하나의 문화로 자리를 잡게 되어, 종전 이후에도 줄곧 유지되었다.

그런데 독일인들은 까페 드플로르에 오지 않았다고 한다. 뽈 부발의 손자인 크리스토프 부발의 이야기를 들어 보자. "독일군이 파리를 점령했을 당시, 까페 드플로르는 소극적인 레지스탕스 운동의 거점으로 소문이 나 있었죠. 독일인이 까페에 들어오기만 하면 손님들이 일제히 침묵을 지켰거든요. 그러다 보니, 우리 까페에서는 독일인이 환영받지 못한다는 것을 금세 눈치챌 수밖에 없었던 거죠."

얘기인즉슨 그렇다. 단, 누군가 새로운 썰을 내놓기 전까지….

행운을 빌 때 왜 손가락을 꼬는 걸까?

098

타인에게 불쾌감을 주지 않는 작은 동작 하나쯤 알아 두면 좋다. 어쩌면 실제로 써먹을 수도 있으니.

날씨나 종자돈에 관한 대화에선 흔히 이런 말이 오간다. "제발 운 좋게 다음 주말에 날씨가 좋았으면…," 혹은 "제발 운 좋게 세금이 내렸으면…." 등등.

마음으로 기대하는 일의 실현 여부가 불투명해 보일 경우, 그와 같은 상투적인 표현으로 대신하기도 한다.

그런데 손가락을 꼬는 제스처 하나가 우리의 운명을 현실적이고 객관적으로 바꿀 수 있을까? 혹시 알려 줄 수 있는 독자가 있다면 지금 당장 필자에게 연락을 주길 바란다.

어쨌든 우리는 왜 손가락을 꼬는 걸까?

실은 기독교인들이 처음 시작했다. 행운을 빌어 주는 취지로 두 사람이 서로의 검지를 교차시키는 것은 기독교인들의 오랜 관례다. 그럼으로써 십자가의 상징적 의미를 드러낸 것이다. 로마의 박해가 심해지자 기독교 신자임을 드러내지 않아야 안전했기에, 이는 행운을 비는 몸짓이 되었다.

또한 손가락을 꼬는 것은 물고기를 의미한다. 물고기는 『구약 성서』와 『신약 성서』에 모두 등장하는데(물고기 두 마리, 빵 다섯 개로 수많은 사람이 배불리 먹을 수 있을 만큼 많은 생선과 빵이 만들어지는 기적이 일어난다.) 또한 세례 성수를 상징하기도 한다.

그리스어로 물고기를 뜻하는 '익투스ychtus' 역시 예수 그리스도, 신의 아들, 구원자, 이 세 단어의 머리글자만 모아서 만들어진 단어다.

혹시 이번 주말에 낚시를 하러 떠날 계획을 세워 놓았고, 그래서 화창한 날씨와 월척을 기대하고 있다면, 손가락을 꼬아 행운을 빌어 보는 것은 어떨까.

얘기인즉슨 그렇다. 단, 누군가 새로운 썰을 내놓기 전까지….

펑크족은 왜 옷핀을
달고 다녔을까?

099

모든 것은 섹스 피스톨즈Sex Pistols의 보컬리스트 자니 리든Johnny Lydon의 말로는 형용할 수 없는 분노에서 시작되었다. 1975년, 당시 열아홉 살이었던 자니는 가족의 품을 떠나 런던의 햄스테드Hampstead의 무허가 건물에서 영국 사회를 증오하며 보냈다. 자니 리든은 불행한 유년 시절을 보냈고, 뇌막염에 걸린 이후에는 아예 사회로부터 소외되었다.

그는 다양한 방법으로 자신의 분노를 표출했다. 머리카락을 짧게 자른 다음 초록색으로 염색했고, 옷도 히피족과는 완전히 구별되는 스타일로 입었다. 값싸게 구입하거나 수거한 옷을 가위로 찢은 다음, 천 조각들을 옷핀으로 고정했다. 옷에 관한 사회 문화적 코드마저 철저히 거부하는 방식이었다. 그리곤 당시 가장 유명한 의상 브랜드가 즐비했던 킹스로드King's Road로 갔다. 마침 그곳엔 비비엔 웨스트우드Vivienne Westwood가 운영하는 매장 'SEX'가 있었다. 웨스트우드와 결혼한 말콤 맥라렌Malcolm McLaren은 자니에게 그룹의 보컬을 맡아 줄 것을 제안했다. 그는 장차 섹스 피스톨즈의 매니저가 된다. 웨스트우드 역시 자신의 상품에 옷핀을 꽂았다. 하지만 이들의 시도는 여기서 그치지 않았다.

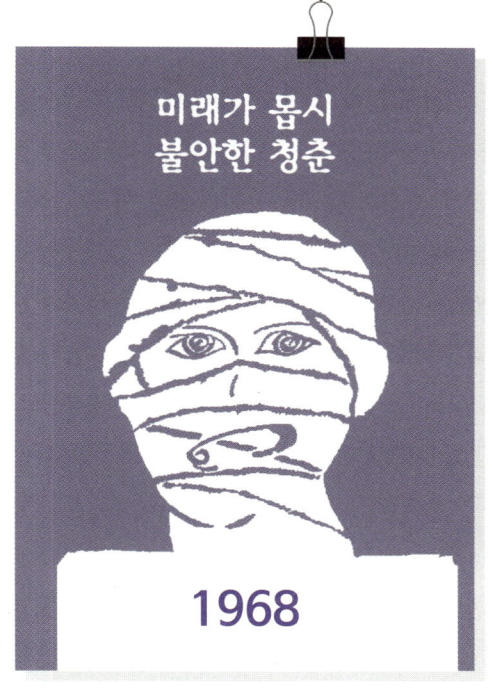

사실 맥 라렌이 이러한 시도를 할 수 있었던 것은 1968년 5월 혁명[57] 당시 파리에 걸린 포스터들에서 깊은 감명을 받았기 때문이다. 소비 사회와의 단절을 경험한 영국의 젊은이들은 급성장하는 펑크punk 문화를 흡수하며 매우 도발적인 경향을 보였다. 옷핀이 달린 위치가 옷에서 몸으로 이동한 결과, 평범한 가정에서는 듣기만 해도 몸서리를 칠 법한 피어싱piercing이 되어 널리 전파되었다. 급기야 슈씨 앤 더밴쉬즈Siouxsie and the Banshees의 개 목걸이나 시드 비셔스Sid Vicious의 만卍자와 같은 급진적인 양상까지 나타났다. 유행과 그것을 모방하려는 태도가 사회 곳곳에 뿌리를 내리게 된다. 유행을 그토록 맹렬히 비난하던 펑크 문화도 가세했다.

싸르트르는 일찍이 예고했다. "타인과 다르게 보이고 싶은 열망이야말로 가장 보편적인 정서다." 얘기인즉슨 그렇다. 단, 누군가 새로운 썰을 내놓기 전까지….

---

[57] '68 혁명'이라고도 한다. 프랑스의 5월 혁명은 샤를 드골 정부의 실정과 권위주의적인 교육체계에 대한 저항 운동이었다. 따라서 5월 혁명은 한마디로 '권위주의에 대한 거부'라 볼 수 있다.

왜 선거 득표율은 대개 50퍼센트의 근사값에서 결정될까?

100

오늘날 서유럽 국가들에서는 소위 '좋은' 후보가 어김없이 당선되는 '대중' 민주주의식 선거가 비판의 도마에 올랐는데, 이는 일리 있는 현상이다.

튀니지에서 89.92%의 득표율로 재선에 성공한 벤 알리Ben Ali 대통령의 경우(2008년)가 그랬다. 투르크메니스탄에서는 베르디무함메도프 Berdimuhamedow 대통령도 89.23%의 득표율로 당선(2007년)되었다. 카메룬의 폴 비야Paul Biya 대통령은 특별한 경우에 해당한다. 70.92%라는 비교적 낮은 득표율로 당선(2004년)되었지만, 두알라Douala의 지방 선거 사무국이 밀어준 덕분에 106%의 득표율을 기록하며 신기록을 경신했다. 그야말로 환상적인 지지율이다.

발레리 지스까르 데스땡Valéry Giscard d'Estaing 은 50.81%(1974년)로 당선되었고, 프랑수아 미떼랑F. Mitterand은 51.76%(1981년), 54.02%(1988년), 자끄 시락Jaques Chirac은 52.64%(1995년), 니꼴라 싸르코지Nicolas Sarkozy는 53.06%(2007년) 그리고 프랑수아 올랑드François Hollande는 51.63%(일부 설문조사에서는 62%라고 발표했지만!)의 득표율로 당선되었다. 이는 적지 않은 문제를 야기한다. 과반수에 못 미치는 득표율을 가지고 나라 전체를 통솔할 수 있다고 인정하기는 어렵다. 단적인 예로, 미국의 조지 부시George W. Bush는 2000년 대선 당시, 플로리다 주에서 537표 차로 엘 고어Al Gore를 이겨 선거인단을 확보했다. 이와 같은 부조리한 현상은 종종 음모론을 낳기도 한다.

실제로 의아하긴 하다. 선거 때만 되면 마치 마법에 걸린 듯 온 국민이 두 진영으로 나뉘는 이유는 무엇일까? 다음과 같이 두 단계로 나누어 설명하겠다.

그 어떤 후보라도 일단 자기 진영을 규합한 다음, 상대 진영의 표를 빼앗아 와야 한다. 과반수를 얻기 위해선 2% 혹은 3%의 아주 적은 표라도 가져와야 하므로. 물론 자신의 공약이 있지만, 상대편 지지표까지도 끌어오기 위한 대책 역시 필요하다. 그 방법은 다음과 같다. 상대 진영에서 내세운 정책 공약 중 일부를 슬쩍 가져오는 것이다. 이를 '삼각 측량triangulation'[58]이라 한다. 2002년, 시락은 '사회 양극화 반대 운동campagne contre fracture sociale'(좌파 정책)을 벌였다. 세골렌 루아얄Ségolène Royal은 2007년 대선에서 옛 군부대를 소년원으로 재활용(우파 정책)할 것을 주장했다. 반면 싸르코지는 인권과 환경 운동을 중심으로 나라를 이끌겠다고 약속(좌파 가치)했다.

모든 것이 균형의 문제다. 이러한 입장 표명은 종 모양의 가우스 곡선을 따르는 결과로 이어졌다. 즉, 한 후보의 공약이 경쟁 후보의 것과 유사할수록 득표율은 더 높아졌다. 이때, 최댓값은 정중앙인 50%의 근사값에 위치한다.

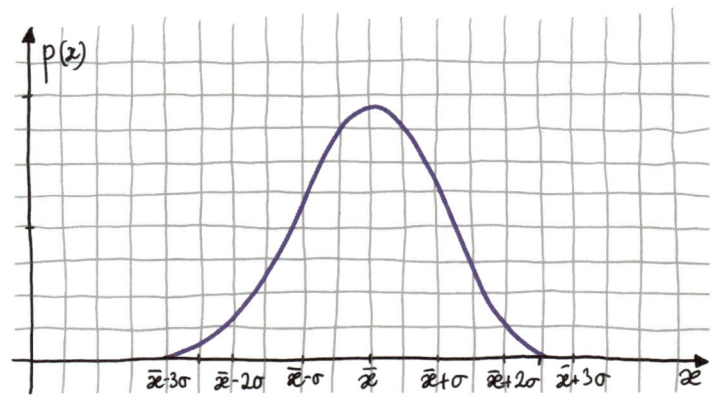

[58] 미국의 언론인 프랭크 토마스의 『캔사스에서 무슨 일이 있었나?What's the matter with Kansas?』에서 나온 선거 전략이다. 130년 동안 민주당의 철옹성이던 캔사스가 어느 순간 공화당 지지 지역으로 바뀐 까닭이 무엇인지 밝힌 책이다. 프랭크 토마스는 책 속에서 중도층을 아우르는 선거 전략의 위험성을 언급하며 '삼각측량전략'이라는 용어를 사용했다.

수학자들에 따르면, 가우스 함수는 x축의 대립항의 제곱의 지수함수다.

$$f(x) = \frac{1}{\sigma\sqrt{2\pi}} e^{-\frac{(x-\mu)^2}{2\sigma^2}}$$

(위와 같이 제시하는 것이 난해하게 보일 수 있다. 하지만 μ는 기대치를, σ가 표준편차임을 안다면 쉽게 이해될 것이다.)

하지만 조심해야 한다. x에서 얻은 것을 x^2에서 잃기 때문이다. 분명한 사실은 상대 진영의 지지층을 사로잡기 위해 정책 공약을 내놓았다가 도리어 고정 지지층을 잃을 수 있다는 점이다. 가령, 우파에서 10표를 얻으려다 도리어 좌파에서 100표를 잃을 수도 있다는 뜻이다. 물론 그 역도 가능하다.

2002년에 치른 대통령 선거가 바로 그 예다. 당시 사회당 후보 리오넬 조스팽Lionel Jospin은 텔레비전 생방송에 출연하여 보수 유권자의 마음을 얻고자 이렇게 주장했다. "제 공약은 사회당의 노선과는 다릅니다." 결과는 참혹했다. 우파 유권자들은 그를 믿지 않았다. 그의 선언을 거짓말로 치부해 버린 것이다. 좌파 유권자들도 조스팽이 좌파의 역사적 가치를 망각했다고 격분하면서, 다른 좌파 후보에게 표를 던졌다. 슈베느망Chevènement, 또비라Taubira, 뷔페Buffet, 브장스노Besancenot와 같은 군소 후보들이 나서서 적극적으로 표를 구했기 때문이다.

투표함의 뚜껑이 열리자, 다음과 같은 결과가 나왔다. 대부분의 여론 조사에서 지지율이 높았던 조스팽은 막상 결선 투표까지도 못 간 것이다. 결국 '시락 vs. 르펜Le Pen'이라는 불균형한 경쟁 구도가 만들어졌고, 시락이 82.21%(2002년)를 얻었다.

반면, 타협하지 않고 오로지 자기 노선만 고집하는 경우, 대다수 유권자들의 열망과는 너무 멀어지게 되어, 결국 트로츠키주의자[59]나 『사냥꾼들Chasseurs』[60]처럼 들러리만 서다 마는 꼴이 된다.

여기까지가 정치학자들의 분석이다. 불꽃놀이의 마지막을 화려하게 장식하듯 끝을 맺고자 한다. 여론 조사에는 일정한 패턴과 예측 불가한 변수가 존재한다. 어떤 의미에선 가장 중요한 부분일 수도 있다. 통계학자들은 여론의 역동성을 연구하는 과정에서 매우 흥미로운 현상을 발견했다. 일부 유권자들에게서 보이는 이른바 '여론 역행적contrarian opinions' 현상이다. 유권자들 중에는 자신의 정치적 소신에 따라 투표하지 않고, 여론 조사 결과 높은 지지를 받는 후보의 상대편에게 표를 던지는 이들이 존재한다. 이들은 프랑스 사회에서 사실상 점점 더 증가하는 추세다. 이러한 성향의 유권자들은 가령, 양자 경쟁 구도가 형성되면 이슈에 따른 여론의 추이를 살피면서 찬성 또는 반대 표를 던진다. 이러한 현상은 선거판에서 예상을 뒤집는 결과를 낳는다. 프랑스의 결선 투표에서는 득표율의 근소한 차에 따라 당락이 좌우되므로 과반수만 넘기면 된다.

2005년 5월에 치른 〈EU헌법안 국민투표〉에서 어떤 일이 일어났던가? 일 년 내내 거의 모든 여론 조사에서 찬성 의견이 앞서갔다. 하지만 결국 반대 의견이 승리(55%)했다. 모두가 반대하는 것에 찬성하거나 또는 모두가 찬성하는 것에 반대하는 이들이 존재하기 때문이다.

얘기인즉슨 그렇다. 단, 누군가 새로운 썰을 내놓기 전까지….

---

59 '극좌 모험 주의'의 동의어다. 트로츠키주의란, 트로츠키가 레닌과 스탈린의 일국 사회주의 건설 이론에 반대하면서 등장한 사회주의 혁명 이론이다.

60 그리스의 영화감독 테오 앙겔로풀로스의 영화. 보수 정부에서 재정 지원을 거부하여, 독일 및 프랑스 TV 등에서 자금 지원을 받았다.

안 쥘리 베몽, 베아트리스 칼드롱, 필리프 샤팡종,
피에르 마리 크리스탱, 실비 드니,
케이티 카슨티, 카미유 뤼세, 필리프 로비네,
그리고 카롤린느 세르에게는 왜 고맙다고 말해야 할까?
왜? 왜냐하면!

어느 잡학주의자의 100가지 썰
Les Pourquoi En Images

초판 1쇄 발행일 2017년 10월 16일

지은이	필립 방델
그린이	캐시 카센티
옮긴이	민수아
펴낸이	이윤정
펴낸곳	책, 세상을 굴리다
기획	조청현
편집	서예지
디자인	손봄디자인 김숙희
마케팅	박찬

출판등록 제251000-2013-000061호
주　　소 서울특별시 구로구 공원로 3, 611(구로동, 선경오피스텔)
대표전화 02) 861-0363, 0364
팩　　스 02) 861-0365
전자우편 lingercorp13@gmail.com
블 로 그 http://blog.naver.com/lingercorp13
페이스북 http://www.facebook.com/yeowoon13

ISBN 979-11-87453-12-3 (03300)

이 도서의 국립중앙도서관 출판예정도서목록(CIP)은 서지정보유통지원 시스템 홈페이지
(http://seoji.nl.go.kr)와 국가자료공동목록시스템(http://www.nl.go.kr/kolisnet)에서 이용하실
수 있습니다. (CIP제어번호: CIP2017023759)

- 이 책의 저작권은 저자에게 있습니다.
- 서명에 의한 저자와 출판사의 허락 없이 내용의 전부 혹은 일부를 인용하거나 발췌하는 것을 금합니다.
- 파본이나 잘못된 책은 바꿔드립니다.

책, 세상을 굴리다 **출판사**
THE WORLD ROLLING BOOK

문학 브랜드 여운

검은 파도 눈부신 태양
타냐 잘코프스키 지음 | 이지혜 옮김
204쪽 | 12,000원

이 책은 우울증으로 인해 큰 절망에 빠졌던 한 여성이 자신을 받아들이는 과정을 그린 자전적 에세이다.

그림자 같은 목소리
이자벨라 트루머 지음 | 이지혜 옮김
144쪽 | 12,000원

알츠하이머성 치매에 걸린 아버지의 입장에서 그린 매우 독특한 작품이다. 병의 악화와 함께 점점 더 심각해지는 기억과 언어의 상실의 과정에서 주인공이 느끼는 초조함과 두려움의 심리가 1인칭 화법으로 생생하게 묘사되었다.

나는 향수로 글을 쓴다
장 끌로드 엘레나 지음 | 신주영 옮김김
212쪽 | 10,000원

에르메스의 조향사인 장 끌로드 엘레나의 향수와 삶에 대한 솔직한 생각을 담고 있다. 이 책을 통해 우리는 조향 예술가 엘레나와 인간 엘레나를 함께 만날 수 있다.

향수의 요정
베아트리스 에제마르 지음 | 박은영 옮김
256쪽 | 10,000원

향수의 역사부터 루이 14세를 매료시킨 향수의 제작 비법까지, 아울러 당시 조향실의 풍경과 조향 작업 과정 그리고 조향 작업에 쓰인 다양한 기구들과 향료들의 특징 및 루이 14세 시대의 상류층의 패션과 유행 등이 세밀하게 묘사되어 있다.

오이디푸스
볼테르 지음 | 김덕희 옮김 | 236쪽 | 12,000원

국내 최초로 번역된 볼테르의 『오이디푸스』. 볼테르라는 필명으로 발표된 첫 작품이다. 운명과 그 운명에 맞서는 인간 자유 의지 사이에 흐르는 긴장감이 느껴진다. 부록에는 볼테르의 『오이디푸스』가 아카데미 프랑세즈에서 열렬한 반응을 얻는 즉시 패러디되어 상연된 『변장한 오이디푸스』가 실려, 원작과 비교하면서 읽는 재미를 선사한다.

내 얘기가 웃긴다고? 조심해! 나 까칠한 (들고양이) 에드가야!
프레데릭 푸이에 & 수지 주파 지음
리타 베르만 그림|민수아 옮김|154쪽|13,000원

까칠한 아기 고양이 에드가의 싱거운 듯 뼈 있는 농담이 웃음과 교훈을 주는 책이다. 또한, 프랑스 문화 전반에 대한 관심과 흥미를 자극하기 위해, 이야기의 중간중간에 슬쩍 끼워 넣는 글쓴이들의 재치가 돋보인다. 뿐만 아니라, 반려동물을 위한다는 착각에 사로잡힌 인간들의 이기심과 어리석음에 대해 불만을 드러낸다. 반려동물의 입장보다는 돌보는 이의 만족감이 우선시되는 측면을 꼬집는 독자에게 생각할 거리를 남긴다.

책, 세상을 굴리다 **출판사**
THE WORLD ROLLING BOOK

인문 브랜드 옴므리브르

슈퍼로드
파노라마 : 비단, 향신료, 소금, 황금, 차
아니크 드 쥐리 지음, 크리스토프 메를렝 그림
이윤정, 조청현 옮김 | 76쪽 | 16,000원

유네스코가 세계문화유산으로 등재한 다섯 가지 길을 통한 문명 및 문화 교류의 역사를 다룬 책이다. 길은 세계사를 보다 폭넓게 볼 수 있도록 활짝 열린 창과 같다. 이 책의 특징은 무엇보다도 다양한 스토리텔링 방식에 있다.

관용, 세상의 모든 칼라스를 위하여
볼테르 지음 | 김계영 옮김 | 286쪽 | 14,000원

증오와 차별에 억울하게 희생되는 사람들이 없기를 바라는 볼테르의 뜨거운 열정과 순수한 인간애가 담긴 책이다. 볼테르는 진정한 관용이란, 부족한 존재인 우리 인간들이 더불어 살아가면서 서로를 사랑하고 화해하는 것이라 보았다.

향수의 기억
엘리자베스 드 페도 지음 | 조청현 이윤정 옮김
320쪽 | 15,000원

『향수의 기억』은 '장인'과 '냄새'라는 역사에서 주목 받지 못한 두 가지 주제를 통해 절대왕정과 프랑스 혁명을 새로운 각도에서 재조명한 책이다. 여러 시간과 공간 속에서 풍기는 서로 다른 냄새를 비교해 보는 것도 이 책이 가진 또 다른 매력이다.

융합 브랜드 맛닿음

조선과학실록
이성규 지음 | 264쪽 | 16,000원

융합 에세이 『조선과학실록』은 역사와 과학의 만남 안에서 탄생했다. 과학사를 중심으로 『조선왕조실록』 속에 숨어 있던 난해하고 복잡한 과학 이야기를 현대인들이 이해하기 쉽도록 유연하게 풀어내고 있다.

인체특허표류기
이가라시 쿄우헤이 지음 | 김해용 옮김
244쪽 | 15,000원

유전자 특허의 실상을 고발한 다큐멘터리. NHK스페셜 〈인체특허〉를 제작한 이가라시 쿄우헤이가 현장 취재를 바탕으로 생동감 넘치는 다큐멘터리 에세이 형식을 빌려 인체특허의 빛과 그림자에 대한 이야기를 전개한다.

유·아동 브랜드 바돋

내 이름은 꾸제트
끌로드 바라스 & 셀린 시아마 지음
민수아 옮김 | 50쪽 | 11,000원

셀린 시아마가 시나리오를 쓰고, 끌로드 바라스 감독이 스톱 모션 기법으로 촬영한 장편 애니메이션 〈내 이름은 꾸제트〉 가운데 가장 아름답고, 가장 감동적인 이야기와 장면들을 책 속에 담았어요! 무겁고 우울했던 퐁텐 보육원에서 피어나는 희망의 메시지가 마치 어두운 밤하늘에 빛나는 별처럼 반짝거려요. 사고로 엄마를 잃고 퐁텐 보육원에서 만난 꾸제트와 친구들에게 과연 무슨 일이 일어날까요?